IMAGEN, PODER Y NEGOCIACION

Un Abordaje desde la Psicología

Imagen, Poder y Negociación

Un Abordaje desde la Psicología

ROBERTO de VRIES

Imagen, Poder y Negociación

Un Abordaje desde la Psicología

Roberto de Vries

Diseño de Portada: The Little French eBooks

Published by The Little French eBooks

Published 2015

Printed by CreateSpace in the United States of America

INDICE

A mis amigos de "Punto de Encuentro" quienes han sido motor para llevar al papel estas ideas sobre la negociación desde la psicología.

A todos los alumnos que me han brindado la oportunidad de aprender de ellos cuando les enseño lo que he aprendido.

A todos aquellos que han hecho de la negociación una oportunidad para ganar y no una ocasión para explotar al débil o al asustado.

A todos agudos que al no permitir que se den las negociaciones, han contribuido a que ella se perfeccione continuamente.

A todos aquellos que practican, aún sin saberlo, la negociación en cada acto humano, incluso aceptando su presencia en las relaciones del amor más profundo, y en el que -por lo tanto- no hay sacrificio, sino inversión para que el ser amado obtenga lo que requiere o quiere.

Roberto de Vries

Marzo, 2006

EQUIPO DE INVESTIGACION

Roberto de Vries

Martina Lander de Peraza

Rebeca de Vries

Antonieta Benitez

Ligia Sáez

Victoria Pantchenko

Robert Martian de Vries

Prólogo

Desde hace casi veinte años, Roberto de Vries, médico psiquiatra y comunicador social, viene trabajando en una teoría que él denomina "Imagen y Poder", la cual se nutre de un largo proceso de investigación que se extiende más allá de nuestras fronteras. En su desarrollo, de Vries ha logrado conjugar inteligente y armoniosamente, su sensibilidad como persona, su formación psiquiátrica y su condición de periodista. Esta, quizás, es una de las razones por la cual ha podido incorporar a su mirada del ser humano y de la sociedad, la visión de la complejidad de sus procesos y de la incertidumbre que le son inmanentes, y que subyacen a lo largo de todo el libro.

Imagen, Poder y Negociación es una síntesis, que nos invita y nos conduce a transitar el camino hacia el auto conocimiento —palabra clave- que constituye el eje transversal del texto, y en la cual se funda su concepto de "negociación".

Imagen, Poder y Negociación expone, además, un cuerpo teórico y metodológico para la auto evaluación de la personalidad y de las competencias, que en el ámbito psicológico, debe tener un negociador exitoso; pero que más allá, son las competencias que se eran y desean en un adulto interdependiente, bien sea un negociador profesional o una persona común.

Estamos pues, en mi opinión, ante lo que pudiera ser un nuevo o que psicológico de la personalidad, cuyas aplicaciones generales-y terapéuticas han comenzado ya a mostrar sus bondades. Un enfoque que incorpora algunos de los elementos paradigmáticos que están emergiendo como resultado de la crisis civilizacional en que vivimos. Que asume la complejidad, la incertidumbre y la trasdisciplinaridad, sin temores, y el método como estrategia. En suma, una psicología para la sustentabilidad.

Alex Fergus son Laguna (*)

* Biólogo. Profesor de Ecología Humana en la UCV.

I. INTRODUCCION

Exploración de la Imagen Psicológica

Negociar es un proceso que comienza dentro de cada uno y apela permanentemente a nuestro equilibrio, coherencia emocional y autoconocimiento. Este libro busca transmitir al lector los elementos básicos que se deben utilizar ante cualquier negociación, y que son el resultado de más de veinte años de investigación sobre la imagen del venezolano, desde el punto de vista psicológico. En él encontrará los instrumentos que le permitirán explorar y evaluar sus competencias psicológicas pata la negociación, que aquí definimos como "Imágenes": Psicológica, Emocional, Ideológica, Moral, Ética, de Rol, Trascendente y Comunicacional.

Al finalizar la lectura, usted tendrá plena conciencia de sus competencias psicológicas y del poder que le brindan para como negociador, bien sea en su vida cotidiana, en la política o en los negocios.

El primer paso que debe realizar es la exploración de cómo evalúa su *propia imagen psicológica, es decir: el mensaje que una determinada personalidad -individual o colectiva- le envía a las otras personalidades*, pues ella es básica para abordar el estudio de su personalidad como negociador. Con estos resultados, usted tomará una mayor conciencia de sus capacidades y de sus limitaciones para negociar (llegar a acuerdos sanos, preservando la relación) tanto con usted mismo, como con el resto de las personas que comparten su mundo, su tiempo y sus circunstancias-

Para obtener un verdadero beneficio, esta prueba debe hacerse con la mayor objetividad y honestidad posible, asignando una cifra, que usted sienta que lo represente, dentro de una escala ascendente del uno (1 mínimo) al diez (10 máximo). Traduzca lo que usted percibe que es, respecto -a2 uno de estos elementos, en los actuales momentos y desde un punto de vista general como persona. También, sí así lo desea, puede realizar esta exploración con lo que piensa acerca de un área específica o frente a una negociación determinada cm podría ser, por ejemplo: la vida en pareja, su mundo económico o cualquier otro ámbito que le interese.

De la misma forma y como lo irá observando a medida que vaya revisando los capítulos, usted puede utilizar esta misma exploración de imagen psicológica para evaluar –también de manera objetiva y honesta- a cualquier otra personalidad, especialmente aquellas con las cuales convive o tiene que negociar frecuentemente en áreas importantes de su entorno

Los conceptos y definiciones que acompañan cada uno de los veintiséis (26) elementos que exploramos en esta imagen psicológica, quizás se diferencian un poco de lo que usted ha pensado respecto a esta característica pero, para la necesaria unificación de los criterios, le pedimos que trate de interpretarlos y evaluarlos de la manera que expresamos aquí.

1. ADAPTABILIDAD: Capacidad que tiene para lograr un buen equilibrio en situaciones novedosas.

2. AGRESIVIDAD: Capacidad que tiene para realizar cambios tanto en su vida interna como en el medio que le circunda.

3. ATRACTIVO: Capacidad que tiene para hacer que las demás personalidades quieran estar a su lado para compartir un determinado tipo de experiencias.

4. AUTOCONFIANZA: Capacidad que tiene para creer en lo que sabe, en la pericia en lo que hace y en la educación teórica-práctica que tiene para abordar una determinada realidad.

5. AUTOCONTROL: Capacidad que tiene para modificar una respuesta determinada ante una realidad específica pudiendo simular que no es verdad, disimular que sí lo es, exagerar o minimizar la que surge o, transformarla en lo contrario.

6. AUTO ESTIMA: Capacidad que tiene para mostrar conductualmente (a través de acciones concretas) la valoración y el amor que siente por sí mismo.

7. AUTONOMÍA: Capacidad que tiene para ejecutar las acciones que puede hacer y que, por lo tanto, no requiere de ayuda, asesoramiento o compañía para realizarlas.

8. DECISIÓN: Capacidad que tiene para elegir racionalmente una vía cuando existen dos o más posibilidades.

9. DISCIPLINA: Capacidad que tiene para lograr un objetivo determinado cumpliendo toda una serie de normas pre-establecidas.

10. ESTABILIDAD: Capacidad que tiene para mantener sus realidades y expresiones de personalidad, en momentos de gran crisis o tensiones. Es la capacidad para no estresarse.

11. FLEXIBILIDAD: Capacidad que tiene para aceptar las fallas en las expectativas que tiene acerca de algo o alguien.

12. INICIATIVA: Capacidad que tiene para iniciar las acciones que le lleven a la obtención de objetivos determinados.

13. INTELTGENCIA: Capacidad que tiene para solucionar problemas nuevos, ser feliz y responder de manera rápida y adecuada ante las más diversas exigencias de la vida.

14. LIDERAZGO: Capacidad que tiene para influir; de manera determinante, en los pensamientos, emociones y conductas de los otros.

15. MADUREZ: Capacidad que tiene para reaccionar en forma adecuada ante los reveses o fracasos (con dignidad) y ante los éxitos y triunfos (con humildad).

16. MEMORIA: Capacidad que tiene para recordar con certeza y nitidez los eventos de su propio pasado.

17. PERSEVERANCIA: Capacidad que tiene para mantener un objetivo y una misión a lograr, a pesar de todas las dificultades que tenga en su obtención.

18. PLACER: Capacidad que tiene para obtener alegría y felicidad con lo que se es, con lo que se hace y por estar donde se está.

19. RESPONSABILIDAD: Capacidad que tiene para asumir las consecuencias de lo que se ha hecho y de lo que se ha dejado de hacer.

20. SENSIBILIDAD: Capacidad que tiene para captar con certeza y nitidez los diferentes estímulos del medio ambiente a través de los sentidos.

21. SENTIDO PSICOLOGICO: Capacidad que tiene para captar con certeza y nitidez lo que pasa en la psicología de los demás.

22. SIMPATÏA: Capacidad que tiene para hacer que quienes le conozcan quieran continuar a su lado.

23. SOCIABILIDAD: Capacidad que tiene para incrementar el número de las relaciones interpersonales.

24. TACTO SOCIAL: Capacidad que tiene pan no herir, en forma innecesaria, la sensibilidad de los otros.

25. TOLERANCIA: Capacidad que tiene para compartir conductualmente con quienes, previamente, no está de acuerdo enforma racional o se siente incómodo emocionalmente.

26. VALENTIA: Capacidad que tiene para enfrentar realidades y situaciones a pesar de que éstas le generan miedo.

Ahora que ha respondido en forma honesta lo que piensa de sí mismo, podemos encarar la principal realidad que tiene que enfrentar todo negociador, en cualquier área o situación, que no es otra cosa que el autoconocimiento. Le pedimos que mantenga a la mano los resultados de esta evaluación, pues ella constituye el punto de partida básico para el análisis de su personalidad y sus competencias psicológicas para la negociación, que serán abordadas a partir del Capítulo V.

II. ESQUEMA BÁSICO

DE LA NEGOCIACION

Negociación y Personalidad

El esquema que proponemos de la negociación, abordada y comprendida desde el punto de vista psicológico, ha sido consecuencia de muchos años de observación e investigación continua y sistemática, profunda y optimista del ser humano como un ser racional, emocional y conductual.

Esto genera seis pasos fundamentales, que deben ser evaluados de manera gradual para luego, integrarse en una realidad de constante intercambio que determine la presencia de un buen o mal negociador. Existen tipos de negociadores, aquel que gana haciendo ganar al otro; aquel que se convierte en un ganador crónico y egoísta, que nunca deja que las otras partes obtengan lo que requieren o; por el contrario, en un perdedor crónico que siempre hace lo posible para que sea la otra parte la que gane.

Revisemos cada uno de estos seis pasos que contienen a su vez tres realidades diferentes que son, en primer lugar, el proceso que sucede en el individuo o negociador en segundo lugar el instrumento que le sirve para obtener el resultado ideal y, como tercer elemento, el resultado obtenido.

El primer Paso:

del autoconocimiento a la seguridad

Cuando en el capítulo introductorio expusimos la necesidad de evaluar la (auto) imagen psicológica de la personalidad, buscamos el conocimiento que la personalidad estudiada debe tener de su realidad psicológica, para que éste le proporcione, un balance honesto y objetivo de lo que percibe, psicológicamente hablando, en los actuales momentos y que, desde esa realidad, pueda encontrar lo que son sus grandes fortalezas y sus grandes debilidades para actuar. De allí podrán derivarse planes y programas para mantener y optimizar las fortalezas y para mejorar o neutralizar las debilidades, siempre que se pueda o, para terminar dc aceptar las que no puedan ser superadas.

Una personalidad que se auto conozca va a mostrar una gran *seguridad* en lo que es, en lo que ejecuta, estando donde se encuentre, pues con esta herramienta ya no tiene expectativas exageradas sobre lo que realmente puede cumplir o lograr.

Para lograr y mantener este paso se hace fundamental una metódica de *auto balance* que le permita la verificación periódica del estado del proceso evolutivo dc su personalidad o, luego de circunstancias extraordinarias, volver a someterse a autoevaluación para estar al día con cl conocimieflt0 de sus fortalezas y las debilidades en diferentes áreas.

Si bien el autoconocimiento permite que se llegue a la verdadera seguridad personal hay que puntualizar sobre cuáles sobre las causas más frecuentes que, desde un punto de vista cultural o patológico, impiden que una personalidad haga este proceso lo más objetivamente posible. En este ámbito, se encuentran las falsas creencias y los tabúes culturales que le impiden, por ejemplo, acercar a un hombre a la exploración de su sensibilidad por el temor a perder hombría y, a una mujer, acercarse a la realidad de la agresividad, por el temor de ser evaluada o evaluarse como "más dura", de lo que exigen los patrones socioculturales. En cierto aspecto patológico, muchas condiciones como: el retardo mental o las psicosis -entre otros-, pueden convertirse en obstáculos para que se logre el proceso de autoconocimiento.

El Segundo Paso:

de la autoestima al atractivo

Cuando usted posee un buen nivel de autoconocimiento, que le brinde la sensación de seguridad, se genera en forma espontánea el segundo paso, que consiste en la verdadera *autoestima* y amor del individuo por sí mismo y que, como lo definimos anteriormente, se evalúa con *la presencia de conductas que muestren la estima, el respeto y el amor que pueda sentir esa personalidad por sí misma*.. Para ello son importantes los dos elementos anteriores: autoconocimiento y la seguridad. Al definir la autoestima de una personalidad, que no se conozca a sí misma, se puede concluir cuán frágil o falso es ese auto-amor; igual se puede pensar de una personalidad insegura que a la vez cuenta con un alto nivel de auto estima.

Una personalidad que se estime, se respete y se ame forma real, probablemente hará que su seguridad lo convierta también en una personalidad atractiva, es decir, *en alguien con quien demás quieren compartir experiencias*. Este no es un atractivo fundamentado en la perfección sino en la más completa aceptación y manejo de lo que se es y de lo que se hace.

El instrumento que hace posible que una buena auto estima se transforme en atractivo es: *la dignidad*, hermosa característica de un ser humano que, aunque es difícil de conceptuar, se muestra en su verdadera dimensión cuando está presente en una personalidad. En síntesis, una personalidad con buena auto estima resulta altamente atractiva a través de la dignidad que tiene y proyecta.

Al igual que en el primer paso, este segundo paso, tiene elementos que lo dificultan o lo obstaculizan. En este sentido pensamos que, además de lo que describimos en el auto conocimiento, hay que agregar la constante devaluación (descalificación) que se recibe del entorno y cuyo propósito es controlar el poder que posee alguien con buena auto estima. Además, es importante mencionar, los posibles fracasos crónicos que pueden surgir de la desesperanza aprendida y, de manera patológica, la presencia de las neurosis que termina por destruir el sentimiento de estima, respeto y amor que alguien siente por sí mismo.

El tercer Paso:

de la comunicación a la asertividad

Siguiendo el esquema (una personalidad que se ame y se respete por el gran auto conocimiento que tiene y, que es percibida desde un gran atractivo por la seguridad que muestra), el tercer paso nos muestra cómo, desde la *comunicación*, definida como*: un proceso de intercambio de información adecuada*, precisa, pertinente, se puede alcanzar el conocimiento del otro, para, a partir de allí, poder realizar un balance de sus capacidades y fortalezas. Asimismo, al permitir que la otra parte conozca nuestras realidades, logramos que ella pueda también vislumbrar nuestras fortalezas y debilidades.

De aquí surge un concepto muy importante que, aunque pueda parecer muy técnico al comienzo es necesario aprender. Ese concepto es el de la *"encodificación"* que se puede traducir como: *la claridad del mensaje que se emite*, y que en gran parte, va a depender del auto conocimiento que se tenga y de la auto estima que se muestre. Una personalidad que posea claridad en lo que emite (que está bien encodificada) lo más probable es que logre, gracias a su atractivo y a su seguridad, la tenencia de una *asertividad* que le permita *expresar lo que necesita o desea en la forma adecuada*.

Igual que el auto balance para el autoconocimiento y, la dignidad para la autoestima, el instrumento que sirve para la comunicación es lo que podemos denominar como "la transparencia", que no es otra cosa que cumplir con tres requisitos*: honestidad* (decir la verdad racional comprobable), *sinceridad* (decir la verdad emocional subjetiva y cambiante) y *la autenticidad* (mostrar lo que somos a pesar de nuestras contradicciones). Por supuesto, se tienen ejemplos de la combinación gran honestidad con poca sinceridad (crueldad) y de gran sinceridad con poca honestidad (engaño). Mientras más transparente sea una comunicación, esta tendrá una mejor caracterización como asertiva y efectiva.

Los elementos que pueden obstaculizar el nivel de la comunicación -a los que se suman los de los pasos anteriores son: la *timidez* (miedo a expresar lo que se quiere por temor a errar) y la *introversión* (no tener la necesidad de comunicarse con el exterior), que pueden exacerbarse con las llamadas fobias sociales. A esto, hay que agregarle realidades que confunden a un ser humano en momentos determinados como son: las crisis y los desajustes situacionales, la confusión y los llamados procesos "discomunicacionales" que no son la ausencia de información, sino aquella comunicación que se realiza con muchos defectos (ruidos) el mensaje se percibe distinto al que se intentó emitir (incomunicación)

El Cuarto paso:

de la jerarquización a La oportunidad

Si tenemos una persona que al conocerse profundamente expresa un gran auto estima y por ello, se comunica en forma asertiva y efectiva con los demás, permitiendo además que los otros conozcan, entonces esta personalidad ya está en capacidad de *jerarquizar*, esto es, *colocar en un esquema de prioridades, los diferentes objetivos que tiene que alcanzar tanto para sí mismo, como con los otros*, para llegar a tener y aprovechar las oportunidades que están en el medio ambiente y consolidar así lo que requiere o desea. Una jerarquización realizada sin el cumplimiento de los pasos anteriores puede estar destinada al fracaso. Una buena jerarquización, que lleva a captar y aprovechar las oportunidades que se brindan, tan solo puede originarse de un buen autoconocimiento y de un adecuado proceso ¿el conocimiento del otro, a través de una buena comunicación.

El instrumento que permite que con una buena jerarquización se logre el resultado de captar y aprovechar las oportunidades que satisfagan las prioridades propias y del otro es, sin duda alguna, la presencia de una gran *claridad*, tanto en los objetivos que se tienen y de la misión que se persigue, entendiendo a los primeros como los pasos que llevan al logro de la segunda. Una buena jerarquización se ejemplariza incluso con el sacrificio o cambio de un objetivo, para mantener la vigencia de la misión, lo que se expresa claramente con un conocido refrán popular: '*perder una batalla para ganar la guerra*".

Los obstáculos de una buena jerarquización, aparte de todos los nombrados en los pasos anteriores, se encuentran en la presencia del *dogmatismo* que no permite mover los objetivos para cumplir la misión y que puede llevar a posiciones tan rígidas que no aceptan ningún cambio o; la más común, conocida como el *egoísmo* que impide visualizar las oportunidades que puede tener la otra parte. Desde el punto de vista patológico nos podemos encontrar con muchos dc los trastornos de personalidad, que impiden que la presencia del otro sea realmente importante en la propia vida, tal es el caso de las *personalidades psicopáticas o sociopáticas*.

El Quinto Paso:

de la negociación al logro

Ya llegamos a la negociación entendida como el *proceso que se genera entre dos o más partes, para la obtención de beneficios que satisfagan en forma correcta, la aspiración básica de cada uno de los actores.* Este proceso, en cl esquema teórico de este libro, se da en personalidades que puedan jerarquizar adecuadamente debido a su capacidad comunicacional, la cual se fundamenta en un profundo proceso de auto estima que surge, a su vez, de un adecuado y profundo autoconocirniento. Por otra parte, el logro que resulta de este paso, surge del adecuado aprovechamiento de las oportunidades que se produce en comunicaciones asertivas y eficaces que fueron promovidas por el atractivo que genera una personalidad segura.

El alcance del logro equivale a la obtención del mejor resultado que se pudo haber producido en la negociación. Para ello, se hace necesaria la presencia de unas realidades que, como instrumento o medio, podemos denominar *psicología de la interdependencia* y que permite las negociaciones del ganar-ganar, en contra de las que plantean el triunfo de una parte con la derrota de la otra. En este caso, es el instrumento que surge como el cuarto tipo de psicología básica, luego de la llamada *psicología de la dependencia,* que se fundamenta en la presencia de una víctima y un victimario; de *la psicología de la supervivencia:* que se explica con el funcionamiento de un individuo en un medio ambiente hostil y, de *la psicología de la independencia*: que promueve la existencia de un triunfador en medio de otros que son perdedores.

Los obstáculos que se presentan en este nivel, aparte de todos los que hemos nombrado en los pasos anteriores, son: la ausencia de esquemas adecuados para la realización de estos procesos negociadores; dc la comprensión específica del tipo de negociación que hay que realizar; de los escenarios en los que se encuentra y en las dificultades psicológicas propias de cada individuo, para cada uno de los tiempos en que se divide la negociación. Cada uno de estos aspectos, por su importancia, será tratado como puntos específicos en los siguientes capítulos.

Pero, a lo largo de nuestras observaciones de la efectividad de este esquema, nos damos cuenta que existe un sexto paso que trasciende a la negociación en sí misma y que traduce algunas realidades, muy importantes en todo ser humano y en todo grupo o institución. Se trata del hecho de que *"no todo es negociable"*.

El Sexto Paso:

del posicionamiento a la sustentabilidad

Al decir que no todo es negociable, estamos indicando que *hay una serie de elementos -generalmente muy profundos en el ser humano en las sociedades- que no están sujetos a procesos de negociación y que tienen como finalidad, la preservación de los logros obtenidos a través del tiempo.* Esto lo denominarnos como *posicionamiento de valores*, por hecho de no poder ser removidos, ni siquiera por las más deslumbrantes ganancias, y nos coloca frente a un importante concepto (de: "no todo tiene precio" en oposición a lo pragmático que dice que "todo ser humano tiene su precio y que, por lo tanto, lo importante es investigar cuál es".

Decir que como resultado de este posicionamiento se encuentra la *sustentabilidad* (mantenimiento de una relación a futuro), se explica ya que, gracias a esto, los resultados de la negociación no son tan solo para el presente sino que se pueden prolongar. Este es un tema básico que se seguirá profundizando cuando establezcamos las realidades psicológicas del negociador, que permiten manejar los mensajes ideológicos, morales, éticos y trascendentes de la otra parte.

El instrumento que permite finalmente, que el llamado posicionamiento se transforme en sustentabilidad, son los *valores éticos*, entendidos estos como los que sobreviven a todos los demás valores dc una determinada cultura, creando una especie de supravalores o *sintagma* que pueda solventar, incluso, las grandes diferencias de tipo morales.

Lo que impide el posicionamiento de una determinada personalidad, aparte de todos los anteriores que se han nombrado en cada paso, es el *pragmatismo* absoluto, es decir, la visualización del ser humano sólo en el presente y con las ganancias que obtenga tan solo en este tiempo.

¿Qué pasa cuando no hay autoconocimiento?

Con este esquema básico de la negociación, podemos entender qué es lo que sucede cuando falla cualquiera de los elementos internos, bien sea por falta de una verdadera comprensión de lo que significan cada uno de los pasos o; por la carencia de los diferentes instrumentos que, al ir desde el auto balance hasta la ética, generan los resultados en cada uno de los pasos. Este es el momento para enfatizar que la propuesta del esquema psicológico de la negociación contenida en este libro, responde a la absoluta necesidad de enfrentar, investigar y comprender las diferentes dinámicas personales, a través del autoconocimiento, ya que es la verdadera herramienta que permite la necesaria seguridad inicial para negociar lo que sea negociable.

Esto nos hace preguntar, ¿qué consecuencias trae a un proceso negociador que se enfrenta con un déficit de auto conocimiento por parte de cualquiera de los negociadores?. Por ser tan importante, trataremos de esquematizarlo a través de dos situaciones, que aunque teniendo el mismo origen: la ausencia del autoconocimiento, se enfrenta sin embargo, bajo dos formas completamente diferentes: *el de la víctima*, que no sabe o no valora las capacidades que tiene por sobre las debilidades y, *la del victimario* que, al contrario del anterior, valora tan solo sus capacidades sin tomar en cuenta las debilidades.

El esquema fundamental de la víctima es que, al valorar con un mayor peso sus debilidades, tan solo muestra una gran inseguridad que repercutirá en una baja autoestima, un bajo respeto y un bajo amor hacia sí, lo que le hará poco atractivo para personalidades normales (no así para quienes, por tener poco poder sobre sí, buscan ejercerlo con personalidades que no lo tienen). Una personalidad con el perfil de víctima, mostrará una comunicación fundamentalmente defensiva que le hará poco asertiva, lo cual le generará graves problemas de jerarquización, pues colocará los intereses del otro por encima de sí, sin poder evaluar sus propias oportunidades convirtiéndose en un perdedor crónico; uno que no tendrá logros, ni obtendrá un verdadero posicionamiento así como una total ausencia de sustentabilidad, lo que lo refuerza su aprendizaje para ser un fracasado. Esto es lo que los científicos sociales conocen como la *desesperanza aprendida*.

Por el contrario, el esquema dinámico con cl cual el victimario trabaja, lleva una secuencia para ocultar el desconocimiento de sí mismo: una hiperseguridad que le hace mostrarse con una sobre estima, que a su vez, le hará ser temido y generará un patrón comunicacional ofensivo, que le impide ser asertivo y eficaz. Con esto, seguirá mostrando una jerarquización egoísta y egocéntrica en la que tan solo busca satisfacer sus necesidades y deseos en detrimento de la otra parte -la víctima- quien lo con vierte en un temible ganador crónico, cuyos logros nunca tendrán una verdad era sustentabilidad, sino que se evidenciará mientras dure el ejercicio del poder sobre el defecto de los demás. Esto hace que no tenga un verdadero posiciOflamt0 y lo convierta en una personalidad pragmática para quien el fin justifica los medios.

En resumen, la personalidad que esté en capacidad de negociar, adecuadamente, en sus diferentes áreas incluidas sus dinámicas internas - es aquella, que con su gran autoconocimiento consigue, a través de un buen método de auto balance, llegar a tener la seguridad que le permita ganar con humildad y perder con dignidad (madurez) Así, al cultivar una verdadera auto estima; su creciente atractivo le permitirá desarrollar una comunicación efectiva, clara y transparente De aquí, resultará una adecuada jerarquización de lo que le importa a sí mismo, como lo que requieren los demás negociadores buscando así las oportunidades que satisfagan ambos requerimientos negociando los diferentes logros y haciéndolos sustentables en el tiempo; además, logrará respeto por la forma honesta en la que proyecta su claro posicionamiento de valores.

De esta forma, al tener posicionamientos claros que le lleven al logro, activará su capacidad negociadora jerarquizadora, comunicacional, de auto estima y respeto y consolidará su autoconocimiento, lo cual le permitirá ser más seguro, más atractivo, más asertivo, captando mejores y más frecuentes oportunidades de logros que, además, se harán sustentables.

Evaluación de Elementos

Es importante para continuar con la exploración de sus capacidades de negociación que Usted haga el análisis, en cada uno de los puntos que hemos expuesto en este capítulo. Para ello utilice la misma escala cuantitativa que va desde el 1 como valor mínimo, hasta 10 como el valor máximo.

Prueba de Ubicación en la negociación

En el siguiente cuadro, luego de comprender lo que significa cada uno de los elementos, asigne un número que, desde 1 hasta 10, traduce la percepción que tiene de la personalidad que analiza, teniendo en cuenta que mientras menor sea el número menor será la percepción que tiene sobre esta característica y mientras mayor sea, más evidente será la percepción que tiene de ella.

COMPETENCIAS	INSTRUMENTOS	RESULTADOS
AUTOCONOCIMIENTO (Capacidad de conocimiento de su propia realidad psicológica)	BALANCE (Equilibrio entre aspectos positivos y negativos de la personalidad)	SEGURIDAD (Mantenimiento de la estabilidad en las "buenas" y las "malas")
AUTOESTIMA (Capacidad de tener conducta de valoración de sí mismo)	DIGNIDAD (Actitud de invulnerabilidad frente a halagos y críticas)	ATRACTIVO (Generación de acercamiento y compromiso)
COMUNICACIÓN (Capacidad para transmitir mensajes adecuados, precisos y pertinentes)	HONESTIDAD Posesión de verdad racional SINCERIDAD Posesión de verdad emocional	ASERTIVIDAD (Expresión adecuada de necesidades y deseos)
JERARQUIZACIÓN (Capacidad de priorizar objetivos)	OBJETIVOS - MISIÓN (Claridad para identificar los pasos para llegar a la meta)	OPORTUNIDAD (Acción favorable en el tiempo adecuado)
INTERCAMBIO (Capacidad de generar beneficios mutuos)	COMPROMISO (Claridad frente a la relación)	LOGROS (Obtención de resultados satisfactorios)
POSICIONAMIENTO (Capacidad para establecer los límites)	ÉTICA (Dotación de valores)	SUSTENTABILIDAD (Permanencia de logros en el tiempo)

Competencias. Evalúa la seguridad interna con la que la personalidad se identifica.

Instrumentos: Evalúa la tenencia y utilización de herramienta de vida.

Evalúa los logros de vida obtenidos por la personalidad evaluada.

En resumen: si usted o la personalidad analizada es capaz de conocer su propia realidad psicológica, tiene conductas de valoración de sí mismo, transmite mensajes adecuados, precisos y pertinentes, sabe priorizar sus objetivos, es capaz de generar beneficios para las partes y puede establecer los límites con claridad; y si al mismo tiempo está dotado de una condición de equilibrio entre los aspectos positivos y negativos de su personalidad, es invulnerable a los halagos y las críticas, posee verdad racional y verdad emocional, tiene claridad en los pasos necesarios para llegar a la meta deseada, tiene claridad de la importancia que le asigna a la relación entre las partes y está dotado de un cuerpo de valores consistente; entonces logrará mantenerse emocionalmente estable en cualquier condición, generará acercamiento y compromiso, expresará adecuadamente sus necesidades y obtendrá resultados satisfactorios que se mantendrán en el tiempo. Usted es *el Negociador perfecto*.

Cuando haga el análisis que surge de estos valores, trate de contrastar aquellos que obtuvieron un menor valor, frente a los que, por el contrario, están mejor valorados.

Interpretación de resultados.

Una vez que termine de "valorar" cada uno de los recuadros, con la escala sugerida, calcule los promedios en cada una de las columnas.

El promedio deberá calcularse en forma independiente en cada una de las columnas: es decir, se sumarán los valores asignados a cada componente y se dividirán entre seis —el número de ítems.

Sí los resultados de cada columna difieren en menos de un (1) punto, existe una concordancia entre los elementos esta diados. Por el contrario, una diferencia mayor a un (1) punto, puede indicar lo siguiente:

Mayor competencia que instrumentos = Prepotencia

Mayor competencia que resultados = Autosabotaje

Mayor instrumentos que resultados = Desperdicio

Menor competencia que instrumentos = Desconocimiento

Menor competencia que resultados = Casualidad

Menor instrumento que resultados = Ingenio

En caso de encontrar alguno de estos elementos, le sugerimos analizar los factores que están generando el resultado reflejado.

De este análisis puede surgir una profundización de los elementos que tendría que mejorar para optimizar el logro en cualquier negociación.

III. CONDICIONES BASICAS DE NEGOCIACION

Requisitos Escenarios y Tiempos

Todo proceso de negociación debe ser analizado a partir del conocimiento de unas definiciones mínimas necesarias que garanticen la comprensión y el manejo de las diferentes dinámicas que lo caracterizan.

Podemos agrupar estas condiciones en tres indagaciones básicas que todo negociador debe realizar en cada negociación para poder llegar a buenos resultados.

La primera de ellas es evaluar hasta qué punto se están cumpliendo, en todas las partes interesadas, los *requisitos mínimos* para que ésta se lleve con el mínimo número de dificultades y teniendo claro que, cualquier ausencia o inconveniente, conduce a que la negociación se realice sobre un camino difícil de transitar, a pesar de que los otros factores, se estén manifestando en buena forma.

El segundo elemento es de suma importancia puesto que se refiere al *escenario* en el cual se está efectuando el proceso o la dinámica negociadora y que es fundamental conocer, pues en cada uno de los posibles escenarios que se describen mas adelante, hay requisitos que el negociador tiene que conocer y manejar.

El tercer elemento, es detectar en qué tiempo se encuentra el proceso o, si este no se ha producido, que exigencias tendrá cada uno de estos tiempos para enfrentar la negociación, en especial -objetivo fundamental de este libro- en su relación con los diferentes elementos de la psicología que se presentaron en el primer capítulo, es decir, la Imagen Psicológica.

Cualquier falla en la ubicación de la dinámica negociadora en estos aspectos o condiciones básicas, puede trastornar por completo el proceso.

Analicemos a cada uno de ellos en particular:

Requisitos

Aceptación de la dinámica de la negociación

En el cumplimiento de los requisitos, todo negociador debe evaluar con la mayor objetividad, la verdadera necesidad de aceptación de la dinámica que tiene cada una de las partes, incluida su propia persona, para así detectar algunos de los sabotajes más frecuentes en las dinámicas negociadoras, en las que una de las partes insiste en que ésta no es necesaria, bien porque el problema no existe o porque no tiene la gravedad necesaria para merecerla.. El resumen, el primer requisito es que todos los involucrados en las realidades que deben ser enfrentadas y solucionadas con la negociación, aceptan su presencia dentro de ella.

Este requisito es de vital importancia porque la dinámica negociadora no se puede hacer a solas, sin la presencia de la otra parte. Detectar esta situación puede conducir a plantear la necesidad de la presencia de actores externos (*mediadores*) para que a través de mecanismos diversos logren que los renuentes acepten la dinámica.

Aceptación de los actores

Otro de los puntos básicos es el de la aceptación de cada uno de los diferentes actores o protagonistas de la dinámica, especialmente, cuando participan en ella elementos externos como: conciliadores, mediadores, o cualquier otro tipo dc especia listas; especialmente si se objeta la participación de la otra parte, o de algunos de sus miembros. En algunos casos la situación puede agravarse, hasta puntos insospechados e incluso mantenerla paralizada, por mucho tiempo, a conveniencia de alguna de las partes.

Aceptación de los costos

La tercera realidad que siempre hay que revisar es la aceptación de los costos referidos a la presencia de especialistas, recursos materiales y el tiempo que necesita toda dinámica de negociación, incluido el costo de perder. La presencia de obstáculos en cualquiera de estos elementos principales, puede significar un importante impedimento para el desarrollo del proceso negociador, ya sea como un verdadero inconveniente o como estrategia de retardo premeditado por alguna de las partes.

En el caso particular en que las negociaciones están o se acercan a realidades de negociaciones de guerra, la importancia del recurso tiempo se hace evidente y puede resultar en el gran escollo a vencer.

Sí describimos cada una de estas realidades, nos podernos dar cuenta de lo frecuente que son estos elementos tanto en los procesos de negociación interna, con uno mismo, hasta en los procesos que involucran diferentes actores en áreas complejas.

En un primer caso se acepta la necesidad de la negociación y de los actores que intervienen en ella, pero no se está dispuesto a gastar e invertir en ella porque no se tienen los recursos (personal, dinero y tiempo) para enfrentarla de manera adecuada. Esta realidad puede ser dramática en la vida personal y hasta en la vida social de comunidades y pueblos. El objetivo está, en consecuencia, en lograr los recursos humanos, materiales y de tiempo requeridos para establecer la negociación.

En un segundo caso, se acepta la necesidad de la negociación y de los costos que requiere, pero no así a los actores básicos que intervendrán. Esto se utiliza, en la mayoría de los casos, como estrategia para negarse a ella con una excusa decente, a menos, que se tengan verdaderos cuestionamientos acerca de la imparcialidad del otro, especialmente, sí se trata de un mediador, árbitro o juez o de la no-representatividad de la otra parte como pieza del problema. Esto puede llegar a constituir un obstáculo tan importante que puede mantener paralizada una negociación necesaria, lo que lleva a pensar en cuál de los actores resulta favorecido por este acondicionamiento.

La tercera posibilidad de negociación, tiene que ver con la no-aceptación de los actores que la protagonizan y de invertir recursos en ella. Sí esto no se evalúa como una verdadera necesidad, al no tener conciencia de su importancia, puede generar una dañina proyección de la misma, pues podría terminar pareciendo, ante los demás, como un mecanismo dc presión que utilizó una de las partes, para obtener u.na ganancia.

Escenarios

Se originan en la clara división de dos realidades que tienen que ser individualizadas y que son, por una parte, la definición de los escenarios posibles en los que se desarrollará la dinámica negociadora, y por último; la capacidad que tenga este escenario para generar certidumbre.

De la unión de las posibilidades, se generan cuatro grandes escenarios en los que se puede dar una negociación:

Negociación en escenario de Caos

Negociación en escenario de Antigüedad

Negociación en escenario de Incertidumbre

Negociación en escenario de Organización

En este esquema se toma especialmente la valoración del escenario externo en el que se encuentra negociador, tanto al evaluarse a sí mismo, al otro negociador al medio ambiente en el cual se desarrolla. Esto, porque a través del análisis de auto conocimiento que debe tener el negociador de sí mismo, debe contar con una gran certidumbre de todas las áreas de definición o de ambigüedad que tiene en ese momento, lo que puede resultar importante para los logros que busca.

Escenario de Caos

Aquí entendemos por *caos* toda realidad, tanto interna en el negociador como en su parte externa, del contrincante o del medio ambiente, en la que las situaciones, producto de la lógica orden-desorden particular están en tránsito de cambio, y en consecuencia son indefinidas, ambiguas y tienen un alto nivel de incertidumbre, es decir, O se conoce todo lo que puede y debe ser conocido.

En estas circunstancias, probablemente el que impondrá las condiciones en la dinámica, será el que tenga una mayor definición o certidumbre de las realidades, ya sea que éstas se traten de las propias de las del otro o del medio ambiente.

Esto, le permitirá conducir la dinámica con una mayor definición e imponerse a través del conocimiento de sí mismo, o a una mayor certidumbre que le permitirá convertir ésta, en poder.

Igualmente sí es el entorno ambiental el que se encuentra en caos y no los negociadores, el mejor pronóstico de control será para el que tenga una mejor inteligencia instintiva, que le permita reaccionar rápida y eficazmente ante estas realidades dcl medio ambiente. La capacidad de respuesta en este caso, pareciera fundamental en el encuentro veloz, de tres elementos que se describen como: objetivo de supervivencia, forma de con seguirlo y del obstáculo que lo impide. Sc trata de una sencilla formula que nos dice: qué es lo que se quiere, cómo se obtiene lo que se quiere y qué le impide luchar contra los obstáculos para lograr lo que se quiere.

Escenario de Ambigüedad

Por *ambigüedad* entendemos como la realidad que se muestra ante nosotros como una *zona de indefinición*, que no puede ser categorizada. Esta ambigüedad puede estar en el propio negociador, en los otros o en el medio ambiente, generando un área de gran importancia, en la que se ponen en juego las percepciones del mundo y el complejo epistémico desde el cual se piensa y se actúa. En estos casos un análisis desde la hipercomplejidad se hace necesario, ya que la situación podría no estar respondiendo ya no a dinámicas predecibles de estímulo-respuesta, sino a las dinámicas reticulares complejas.

Sí el negociador se encuentra en ambigüedad tendrá que contar con el autoconocimiento necesario que le permita no angustiarse y paralizarse frente a esta realidad, sino enfrentarla como un área que puede reconstruirse, para reinventar nuevas realidades. Sí es el otro negociador el que se encuentra en ambigüedad, la angustia terminará por paralizado; sí, por el contrario, aprovecha esta ambigüedad como parte de la posibilidad deconstructiva (desmontaje y reconstrucción, no destructiva), para generar nuevas realidades, puede tener una gran fortaleza. Por último, sí es el medio ambiente el que está generando zonas de gran indefinición (como sucede en estos momentos, en gran parte de las realidades que no pueden terminar por ser definidas), el actor negociador que maneje estas ambigüedades a su favor, será el que podrá, como veremos más adelante en el capítulo sobre Psicología de la Negociación, imponer nuevas realidades y con ellas, nuevas posibilidades de enfrentar la realidad.

En resumen, en este escenario tendrá el control quien más se conozca a sí mismo, porque tendrá las posibilidades de no angustiarse ante la ambigüedad y, por el contrario, podrá intervenir activamente en él, para crear nuevas realidades y nuevas posibilidades de solución.

Escenario de Incertidumbre

La incertidumbre traduce lo que está definido, pero que no se conoce y, por lo tanto, se puede ejemplarizar como una realidad que se encuentra detrás de una puerta que está cerrada y no se puede abrir. En este sentido, cuando hay definición, pero no se conoce, la respuesta de miedo específico y admitido, el negociador tiene que enfrentarse con la posibilidad de encontrarla respuesta que genere el verdadero conocimiento. De esta manera, la estrategia fundamental para la gerencia de cualquier realidad de incertidumbre, esta fundamentalmente dada por la capacidad de conocer la realidad -abrir la puerta-, para enfrentarse a lo que genera miedo y para lo que se requiere de la valentía.

Sí el negociador que examina la situación se encuentra en incertidumbre, tendrá que establecer las estrategias de investigación que le conduzcan a conocer la verdad que no sabe y que se encuentra definida; esto lo realizará con técnicas específicas de "intdigentzia", que, le proporcionará la información pertinente, para tomar las mejores decisiones que pueda. Si el otro negociador se encuentra en un área de incertidumbre, podrá ser controlado a través de ella, pues este es uno de los escenarios en que la información es "poder". Gran parte del éxito en las negociaciones consiste, en forma precisa, en crear zonas de incertidumbre para asustar a la otra parte.

Sí es el medio ambiente el que genera una gran incertidumbre, el que tendrá mayores ventajas será aquel que pueda investigar más la realidad de los procesos y, por lo tanto, manejar los en mejor forma.

En este aspecto, no está de más destacar que siempre existe una condición de incertidumbre inmanente al mundo y a la vida, que no se disipa con la acumulación de información. De modo que hay que estar preparado para las "sorpresa".

Tratando de hacer un resumen de la gerencia de la negociación en este escenario, resulta fundamental encontrar la mejor información pertinente, para la mejor toma de decisiones. Esta es una gerencia de vida y de negociación que se fundamenta, por lo tanto, en la calidad de la información y el auto cono cimiento.

Escenario de Organización

En este esquema, la organi2ación traduce una realidad en la que todo lo que se necesita conocer se encuentra definido y conocido y, por lo tanto, responde claramente al llamado "manual de procedimientos" que especifica, con gran precisión, lo que se puede hacer en cada una de las situaciones. Esto, en materia de negociación, establece lineamientos plenamente determinados y conocidos, entre dos partes que se rigen bajo esquemas claramente definidos en leyes, decretos y normas pero que, no responden a las realidades de la condición humana, donde se negocia con una psicología en la que hay grandes diferencias de percepción de una misma realidad y con los más diversos sentidos de lo que significa perder y ganar.

Sí es el propio negociador cl que no se encuentra en organización, podrá ser un elemento muy peligroso sí se está desenvolviendo en un escenario en el cual, tanto el otro negociador, como la realidad ambiental se encuentran muy organizados. Igual cosa sucederá en la situación inversa, es decir, sí el otro se encuentra muy desorganizado, en un ambiente muy estructurado y bajo claras definiciones y Conocimiento.

Es para este ambiente de negociaciones, que se ha estructurado la realidad de gran parte de la educación formal a través del conocimiento tradicional, para enfrentar con logros y éxitos los procesos reglamentados. No obstante, este no es el escenario más frecuente.

Tiempos

Un factor que hay que comprender está en captar claramente cl tiempo en el que se encuentra el proceso de negociación, al igual que cuándo se está planteando la necesidad de realizar una dinámica negociadora pues, dependerá de esos tiempos sí se podrá estructura una negociación de manera sólida con la capacidad de generar una dinámica adecuada y conveniente.

En nuestra experiencia la negociación tiene tres etapas que van a resultar fundamentales para su abordaje psicológico, ya que plantean objetivos claramente diferenciados y que, gran parte de las veces, necesitan hasta de actores diferentes, particular mente, sí se trata del caso de conciliaciones, mediaciones y arbitrajes.

El tiempo inicial se refiere al primer encuentro de los actores de la negociación bajo la perspectiva de que ese encuentro puede estar condicionando dinámicas que afectarán el proceso mismo y el futuro dc la relación. Este tiempo se caracteriza por cuatro grandes etapas, fácilmente individualizadas e identificables que son: el de acercamiento al otro, el de romper resistencias, el de explicar claramente el por qué de la negociación (su justificación) y el para qué de ella (su legitimación). Sí este tiempo se logra en forma positiva los negociadores se encuentran en situación de ubicarse en las mejores condiciones posibles para entrar en la fase media en la que se van a generar dinámicas muy relevantes.

El tiempo medio o de desarrollo de las dinámicas de intercambio de información, corresponde al proceso negociador en sí. Este tiempo cuenta con cinco etapas-objetivos que se van a identificar como: primeros el establecimiento de diálogos en los que se busca la verdad sin que existan perdedores o ganadores segundo, la del debate que requiere de estrategias más confrontadoras tras la cual aparece el tercer objetivo en el que se impondrán procesos tan duros como la evaluación dc alternativas; cuarto, el adecuado manejo de las presiones tanto como las que provienen del mismo grupo, como las que vienen de afuera (especialmente de la opinión pública) y por último, la detección de los grupos de soporte que muchas veces distorsionan toda la realidad con su influencia ya que no están viviendo la verdadera dinámica del proceso. Este tiempo medio es de una importancia tal, que gran parte de las negociaciones pueden prolongarse por que los objetivos de este tiempo no se dan en la mejor forma posible.

El tiempo final o de remate contempla el objetivo fundamental de terminar el proceso negociador para que se logre la nueva realidad y permitir la continuación de la existencia de cada uno de los actores en la mejor condición posible y con el menor de los daños. Cuenta con cuatro grandes etapas fácilmente individualizables que son: la creación de sintagmas; el planteamiento de soluciones; el llegar a los acuerdos y el estable cimiento de las ganancias correspondientes. Sí esta etapa se detiene, tal como sucede frecuentemente, la negociación se transforma en un elemento pesado que va perdiendo los apoyos que tenía anteriormente y que puede dañar mucho sus objetivos. Quizás el punto básico de esta fase se encuentra en la capacidad que tengan los negociadores para la creación de los sintagmas, que significa la integración de los diversos paradigmas involucrados, dentro de un mismo sistema.

IV. TIPOS BASICOS DE NEGOCIACION

Teoría de la Convivencia

En los límites entre la Guerra y la Paz, hay tres formas básicas de convivencia que son: la confrontación, bien sea la que se genera por antagonismo o lucha por verdades o la que se genera por conflicto, cuyo punto elemental es la ausencia de justicia; la *competencia y la cooperación*.

Luce importante revisar cada una de las formas con las que todo ser humano, en forma individual o colectiva, asume la realidad de la convivencia, es decir, la de compartir el mismo espacio y el mismo tiempo con otras personalidades.

Guerra

Realidad en la que una de las partes no acepta la presencia del otro, tanto en su espacio vital como en su tiempo. La finalidad de la guerra es la eliminación física del otro ya que lo consideran un enemigo que, mientras exista, se constituye en un grave peligro para la supervivencia y los valores del propio yo.

Esta realidad tenderá a producir un solo ganador, pero puede evolucionar positivamente hasta el punto que conduzca al establecimiento de una *confrontación por antagonismo* en el que, a pesar de las grandes diferencias que se tienen, en cuanto a la verdad, desaparece la necesidad dc la eliminación del otro, y se puede aceptar su presencia. Esto generalmente se logra a través de la acción oportuna de terceros, que sí no logran intervenir a tiempo, el resultado es un ganador que se lo lleva todo y a un perdedor que, en la derrota, puede perder sus tenencias más básicas, incluyendo la vida.

Confrontación en la dinámica

del antagonismo

La confrontación implica un proceso muy importante en la que se cuestiona, en forma evidente, la presencia del otro con quien se establecen importantes diferencias en la tenencia y el desarrollo de la verdad.

En esta situación, la presencia del otro se percibe como el principal obstáculo para lograr objetivos vitales. Su fuente es la disparidad de verdades que se tienen, y que se asumen como diferentes a las del otro.

La confrontación por antagonismo es una gravísima lesión en la capacidad de convivencia entre dos o más personalidades, colectivas o individuales.

Desde el antagonismo hay el gran peligro de avance hacia la guerra que ya describimos, pero también puede evolucionar a una confrontación en la que se busca la justicia. Esta es una de las negociaciones más interesantes por el modelo que requiere, a través del cual es posible generar una solución con la creación de un sintagma que integre dos o más paradigmas.

Confrontación en la dinámica del conflicto

Esta segunda realidad que se ubica dentro de las confrontaciones dramáticas, Sc libra en busca de la justicia que se encuentra en amenaza o que ya se considera perdida4 Su origen es la presencia de un ganador crónico quien hace que los demás vean más lejana hi posibilidad de competir en las mismas condiciones.

A diferencia del antagonismo, en el cual el otro se considera el obstáculo para conseguir el logro requerido, en el conflicto, todos los que están inmersos quieren conseguir el mismo objetivo pero con un sentimiento de desigualdad de oportunidades que, sí no se soluciona de manera adecuada, lleva a que se plantee el antagonismo como salida, e incluso la guerra.

Desde el conflicto que busca como solución la justicia y la igualdad de oportunidades, también se puede evolucionar positivamente hasta la competitividad que se explicará a continuación.

Competencia

Esta forma de convivencia, en la que dos o más personalidades individuales o colectivas luchan por cl mismo y escaso bien (fama, dinero, territorio, poder y otros), se establece sobre la igualdad de oportunidades que garantizan entre, otros elementos, la justicia.

La competitividad se expresa a través de una lucha que persigue obtener este bien escaso. Esto se expresa con diferentes modalidades que pueden ser de tipo muy estructuradas, como las competencias deportivas, o las que se realizan en forma más desordenada. Estas últimas corren el riesgo de transformarse en elementos que generan grave peligro para el mantenimiento de la convivencia, e impedir la evolución hacia la cooperación.

Como se puede observar en el gráfico que sigue, desde la **competencia** se puede **retroceder** hasta la **confrontación por la justicia** (dinámica del conflicto), si una parte percibe que está perdiendo oportunidades y la otra está ganando en forma crónica. En su camino evolutivo, cuando existe la presencia de varios ganadores que ganan en forma justa y equilibrada (esquema de la psicología de la interdependencia), se puede llegar hasta la cooperación.

Cooperación

Esta forma de convivencia, que resulta para muchos el esquema ideal, garantiza armonía entre las partes, se logra cuando los diferentes actores se sienten en igualdad de condiciones, tanto para competir como para ganar, aunque sea en volumen menor a los más poderosos.

Una de las claves para la percepción de la sociedad corno un espacio para la democracia está, precisamente, en la vivencia de una sociedad en la que los diferentes grupos e individualidades cooperen entre sí para lograr algunos elementos que por ellos mismos, no podrían.

Algunos autores hablan de un espacio intermedio entre la competencia y la cooperación, identificado como la competencia, en la que se establece un círculo positivo de retroalimentación, lo que sugiere que entre más competencia se puede lograr una mayor cooperación.

Esto requiere de una gran claridad moral y ética que se logra con los valores intrínsecos a la psicología de la interdependencia, uno de cuyos principios básicos señala que, en una sociedad democrática, es difícil ser un ganador en medio de un grupo de perdedores.

Desde la cooperación se puede retroceder a la competencia dura, sin cooperación, cuando se comienza a vislumbrar la existencia de ganadores crónicos que dificultarán el camino de la igualdad de oportunidades. Sí se sigue adelante, el esquema lleva a la paz, que como realidad humana es considerada una utopía, pero que tiene una gran validez como marco ético fundamental a ser alcanzado con el continuo perfeccionamiento de las dinámicas de equidad.

Paz

Punto de meta dc la convivencia que garantiza la total armonía de los seres humanos que comparten un mismo espacio y un mismo tiempo, a pesar de las grandes diferencias que puedan tener en ciertas áreas como los valores y la cultura.

El camino a la paz, se va realizando a través de una realidad que se conoce con el nombre de equidad y que, para nos otros, en la Teoría de la Convivencia y de la

Negociación, tiene como fin último lo que llamamos "recuperación de perdedores". Esto se logra a través de acciones que, aunque puedan dañar la normativa preestablecida, generan una serie de ventajas para los que tienen mayores desventajas en la obtención de sus logros.

Tipos Básicos de Negociación

Los esquemas de convivencia que explicamos clan origen a varios tipos de negociaciones que se van a diferenciar de acuerdo a la dinámica en la que se está inmerso y que resulta de importancia fundamental para establecer diferentes técnicas y que le da un valor especial a determinados rasgos psicológicos de los negociadores.

Negociación de Aceptación

(Conciliación, Mediación,Arbitraje)

En cualquier situación, aun en condiciones de guerra o de confrontación por antagonismo, en las que se discute una verdad, la negociación solo es posible si se ha logrado, por persuasión o imposición, que cada una de las partes acepte la presencia del otro en su realidad humana. Esta negociación es frecuentemente intensa, y en ella se aplican los denominados Métodos Alternos de Resolución de Conflictos (MARC): Conciliación, Mediación y Arbitraje.

Objetivos:

1. Hacer que cese la guerra como realidad en la que se busca la destrucción del otro.

2. Prevenir la realidad de la guerra en una confrontación de antagonismo, en la que las partes involucradas estén a punto de utilizar la fuerza como solución.

Metodología

1. Los conciliadores, mediadores y árbitros deben demostrar su imparcialidad para no ser percibidos como cómplices de alguna de las partes.

2. Deben responder a una agenda previa que puede ser modificada de acuerdo a las partes o, a través de la imposición del conciliador, mediador o árbitro en el caso de que sea imposible lo anterior.

3. El sitio de reunión, en lo posible, debe ser neutro a fin de no vincularlo con el poder o influencia de una de las partes.

4. Contar con el Perfil psicológico de quien actúa como conciliador, mediador o árbitro

<u>Negociación de Coexistencia.</u>

(Generación de Sintagmas)

Cuando aparece una situación dc confrontación antagónica por problemas de percepción o de realidad en la aplicación de la justicia, el camino es la búsqueda de nuevas verdades que ayuden a resolver los problemas.

Es también una negociación de gran intensidad en la que pueden existir altos niveles de emocionalidad, que distorsionen por completo el trabajo de los negociadores internos. Por eso se recurre frecuentemente, a una tercera parte que aunque deba tener perfil de mediador o árbitro, debe tener también la capacidad expresa de generar un sintagma que agrupe en un nuevo sistema, los paradigmas de quienes están inmersos en la confrontación.

<u>Objetivos:</u>

1. Hacer que la confrontación por antagonismo en la que se oponen dos o más verdades absolutas (una por sector), se transforme en una confrontación por la justicia, es decir, en un conflicto.

2. Evitar que una confrontación por conflicto, en la que existe una parte que no se siente en igualdad de condiciones que la(s) otra(s), se transforme en una confrontación por antagonismo que, debido a su gravedad, se encuentra más cercana a la guerra.

<u>Metodología</u>

1. Los negociadores deben demostrar, al igual que los mediadores y árbitros, una gran capacidad para ser y actuar imparcialmente y estar en la disposición de crear sintagmas, que es La capacidad de hacer un sistema mayor, que agrupe a los diferentes paradigmas o modelos fundamentales de comprensión y de acción, presentes en las partes, en uno solo.

2. Este negociador, por lo tanto, debe tener una mayor autonomía que el mediador o el árbitro, puesto que tiene que crear realidades nuevas que se explicarán en forma más detallada en los siguientes capítulos. La creación del sintagma es un paso importante dentro de toda negociación, pero especialmente en aquellas situaciones en las que están involucrados valores y paradigmas antagónicos.

3. Se desea que los sitios de reunión sean igualmente, un sitio neutro que no se asocie con vinculaciones previas de los grupos en conflicto.

4. **El Perfil Psicológico** de un negociador debe ser de coexistencia. Debe contar con una gran autonomía que se define como la capacidad de hacer lo que realmente está en capacidad de hacer y de responsabilidad, que se conceptualizó como la capacidad para asumir las consecuencias de lo que ha hecho o ha dejado de hacer. Esto traduce personalidades individuales o colectivas (asociaciones, grupos, instituciones) que posean una gran *autoriítas*, es decir que cuenten con gran poder debido al prestigio acumulado.

<u>Negociación de Encuentro</u>

(Justicia Competitiva)

Esta tercera negociación es la que se genera por la necesidad de encontrar elementos que, con una gran justicia, logren equilibrar la realidad y la percepción de la igualdad de oportunidades, para entrar en procesos competitivos justos, en los que se puede intervenir en forma activa, sin el riego de ser eliminado por el ganador crónico. Son negociaciones que pueden ser mucho menos dramáticas y más comunes que las anteriores, y se dan en situaciones de confrontación por conflicto.

<u>Objetivos</u>

1. Hacer que la realidad de conflicto en la que hay una confrontación por la percepción dc injusticia con a(s) de la(s) parte(s), se transforme en una realidad competitiva, en la que exista un mínimo de igualdad para alcanzar los bienes escasos.

2. Hacer que la competencia no se transforme en un conflicto al establecer, por la presencia de ganadores crónicos, realidades o percepciones de gran injusticia en esta variante de convivencia.

<u>Metodología</u>

1. Los negociadores del encuentro, que hacen posible la búsqueda de mejores parámetros de justicia en cualquier realidad humana pueden ser, como de hecho lo son, los que, estando en el grupo en conflicto o en competencia, se convierten - por diferentes métodos- en representantes de un número variable de personas o grupos que luchan por una competencia más equilibrada o por el logro de una justicia más evidente.

2. Las condiciones en las que se establecen estas negociaciones son un tanto diferentes a las anteriores, pues está involucrada directamente la parte interesa da. Generalmente, a diferencia de los anteriores, en especial al de la negociación de aceptación, éstas son negociaciones continuas y que tienen un personal especializado para su realización y control.

3. El Perfil Psicológico de un Negociador de Encuentro, debe ser el de un especialista estable, que tiene frente a sí una agenda continua, ya que vive en la realidad del conflicto. Un ejemplo de ello es el personal especializado en recursos o capital humano dentro de cualquier institución privada o pública, organización sindical o gremial.

Negociación de Crecimiento y Desarrollo

(Prosperidad)

Este tipo de negociación es, para muchos, la que brinda mayores satisfacciones, pues consiste en generar un mayor crecimiento y desarrollo a las partes que entren en su dinámica. Ella vincula, en el continuo que evaluamos desde la guerra hasta la paz, a la competencia con la cooperación, lo que antes denominamos *coopetencia*. En esta negociación que llamamos de prosperidad, se dan dinámicas completamente diferentes a las anteriores en cuanto a dramatismo e intensidad.

Objetivos:

1. Lograr que los ganadores en las dinámicas de competencia, al lograr un bien escaso, se unan con otros ganadores (en áreas similares o diferentes), para promover un mayor crecimiento estructural y un mejor desarrollo funcional en cada una de las partes.

2. Lograr que todos los que han podido establecer realidades y dinámicas dc cooperación, tengan un adecuado marco competitivo que ayude a seguir generando mejores realidades y permitan un mayor bienestar a quienes participan en ellas.

Metodología:

Los negociadores de la Prosperidad son aquellos a los que se les brinda la bienvenida en gran parte de los escenarios, ya que su presencia equivale a nuevas oportunidades para el crecimiento y el desarrollo. Es un negociador que se ha especializado en la optimización de procesos y lleva a lograr, como ya lo dijimos, mayores crecimientos estructurales y mejores funcionamientos en cada una de las realidades que unen, a través de lo que se pueden denominar las asociaciones o alianzas estratégicas.

Debido a la finalidad que tienen, generalmente se hacen en sitios muy agradables en lo que la dinámica negociadora se relaciona con demostraciones de bienestar y prosperidad. Se aprovecha que existe una predisposición afirmativa hacia la dinámica y los resultados.

Aunque se piense que podía ser cualquier tipo de individuo por las características del proceso, **el Perfil Psicológico** de un Negociador de Prosperidad es el de una personalidad especializada en ello, ya que dentro de la emocionalidad y la alegría que rodea la realidad existente, él debe mantener una gran racionalidad sobre lo que se debe y no se debe negociar.

<u>Negociación de Equidad</u>

(Recuperación de Perdedores)

Esta última negociación que describimos es quizás la más difícil de entender, pues plantea pasos importantes para lograr un mayor acercamiento a la paz social. Esta no puede ser verdaderamente conceptuìlizada, si no se comprende y se maneja bien, la psicología dc la interdependencia que habla de personalidades individuales y colectivas que al tener logros (triunfos) y éxitos (reconocimientos), ya pueden establecer relaciones diferentes, en su poder empático, con los demás actores que transitan en cada uno de los estadios de la escala evolutiva de la personalidad.

Lo que puede cuestionarse es, si la dinámica que describimos es en realidad una negociación o, por el contrario, es una realidad que se da por la imposición que hace el que se sabe triunfador y puede ayudar a una parte que se encuentra en plena desventaja. Sin embargo, la describimos como una dinámica de negociación por la presencia de acuerdos entre los que han triunfado, para poder ayudar a los que deben o en tal caso, es el producto de una negociación consigo mismo, de perder algunos elementos, para ganar con la incorporación de otros, que se (re)integren a las diferentes dinámicas de la convivencia.

De esta manera, esta negociación dc equidad se transforma, en la recuperación de los perdedores que se han generado en todas las formas básicas de la convivencia, es decir los que han surgido de las guerras, antagonismos, conflictos, competencia y hasta de las cooperaciones en las que han quedado fuera algunos actores.

Objetivo:

1. Lograr recuperar a los perdedores que se han producido en los diferentes procesos de convivencia, con el objeto de incorporarlos a las diferentes dinámicas sociales en las mejores condiciones posibles.

Metodología:

Los generadores de equidad son personalidades que estando plenamente conscientes de toda la problemática dc la convivencia humana, puedan captar con gran sensibilidad y certeza, los puntos esenciales que necesitan los perdedores de las diversas etapas, para asegurarles que volverán a entrar en las dinámicas sociales, eliminando los diferentes elementos dc inferioridad que le hagan ser y comportarse como excluidos.

En el **Perfil psicológico** de un negociador para la Equidad, lo fundamental está en la necesidad de que sea un triunfador, que tenga, como consecuencia de estos logros y éxitos, la autoridad y la *autoriítas* necesaria para ejercer el poder que implica el violentar una normativa pre establecida, para con ello favorecer, de manera abierta, a la parte débil de las diferentes dinámicas.

De la Guerra a la Paz

En la Teoría que hemos desarrollado sobre la convivencia humana encontramos interesante la evolución que hacemos desde la guerra hacia la paz, a través de 1as tres formas básicas que describimos como: confrontación, competencia y cooperación.

Las Figuras siguientes, muestran el proceso dc Generación de Guerra y los tipos de negociaciones básicas, así como los procesos que permiten la evolución desde la Guerra a la Paz.

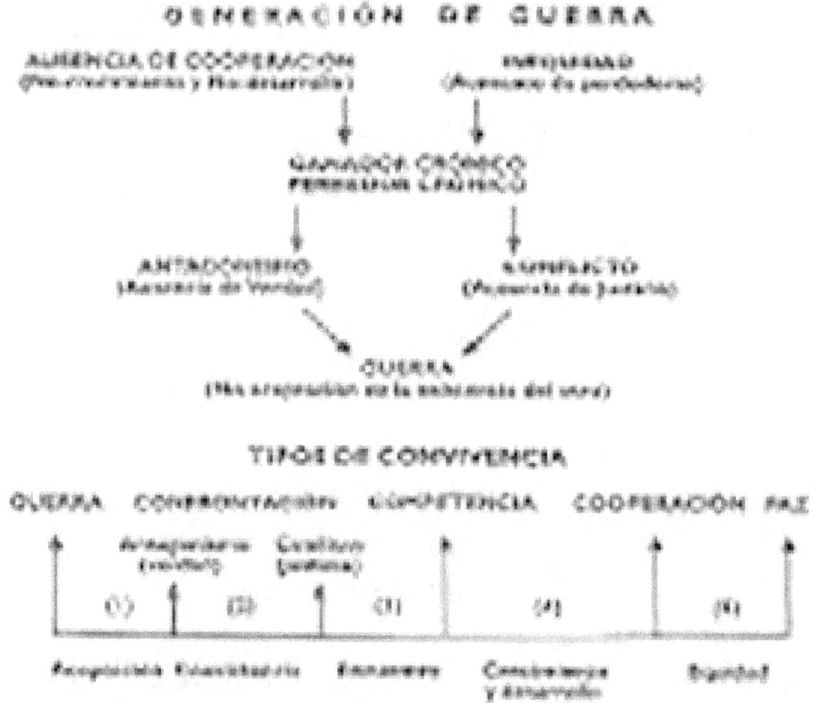

V. IMAGEN PSICOLOGICA, PODER Y NEGOCIACIÓN

La Imagen Psicológica. Poder Empático

¿Cuál es el mensaje psicológico que produce su personalidad en los demás? Esta pregunta la podrá responder con certeza si utiliza la matriz de la investigación de los veintiséis (26) elementos que respondió en la introducción de este libro.

Un ejercicio de verificación consiste en hacer que otras personas, que usted cree que lo conocen la respondan, para saber cómo lo perciben en cada uno de estos puntos. Por lo pronto, lo que sí se puede conocer es cuál cree Usted, es el mensaje psicológico que se envía a sí mismo y que, probablemente, sea el que le transmite a los demás.

Para ello trabajaremos los resultados de esa primera evaluación, a la cual denominamos *Imagen Psicológica*, bajo esquemas de tipo cuantitativo y cualitativo, tal como la venimos estudiando en los últimos veinte años.

Por imagen psicológica entendernos, el *mensaje que una determinada personalidad — individual o colectiva- le envía a las otras personalidades*. De esa imagen depende el tipo de relaciones que se desarrollarán con las diferentes psicologías, de acuerdo a su ubicación dentro de la evolución psicosocial.

Como resultado de nuestros estudios, hemos descrito un proceso de evolución psicosocial por el cual pasa todo ser humano —como individuo o grupo- en el transcurso de su vida y que define la existencia de cuatro tipos básicos de psicologías, que a su vez determinan formas de vida. Esas cuatro *Psicologías* son:

Psicología de la Dependencia:

En ella, sus dos actores fundamentales, que son llamados *víctima y victimario*, establecen una dinámica particular de amor-odio que se puede tornar en un continuo círculo de retroalimentación negativa, en la que ambos personajes se mantienen: uno, explotando la ausencia de poder del otro, para mantenerlo bajo sus órdenes; y el otro, en una dinámica de sumisión.

Psicología de la Supervivencia:

Muestra la forma en que los seres humanos, individual o colectivamente, se comportan como sobrevivientes, es decir, tratan de sobrevivir en un medio ambiente que perciben como inhóspito y peligroso. En estas condiciones, las características básicas son duras de describir ya que hay agresividad negativa o violencia, amoralidad (ausencia de reglas morales) y un gran peligro tanto para ellos como pata los demás.

Psicología de la Independencia:

Se trata de seres humanos individuales o agrupados que han obtenido grandes logros pero permanecen en la búsqueda del éxito que los haga seguir creciendo. Estos independientes tienen formas específicas para ejercer el poder y para relacionarse con los otros.

Psicología de la Interdependencia:

Señala la realidad y el comportamiento de individuos y grupos, los interdependientes, que están en la cima del desarrollo psicosocial pues han obtenido tanto el logro como el éxito y, por lo tanto, pueden establecer relaciones de mayor comprensión que las que se tienen en las psicologías descritas anteriormente.

Estas cuatro psicologías básicas se relacionan de la manera que se muestra a continuación; es decir, una personalidad puede estar ubicada en cualquiera de las nueve (9) opciones que se describen.

La figura siguiente describe los nueve pasos de la evolución psicosocial.

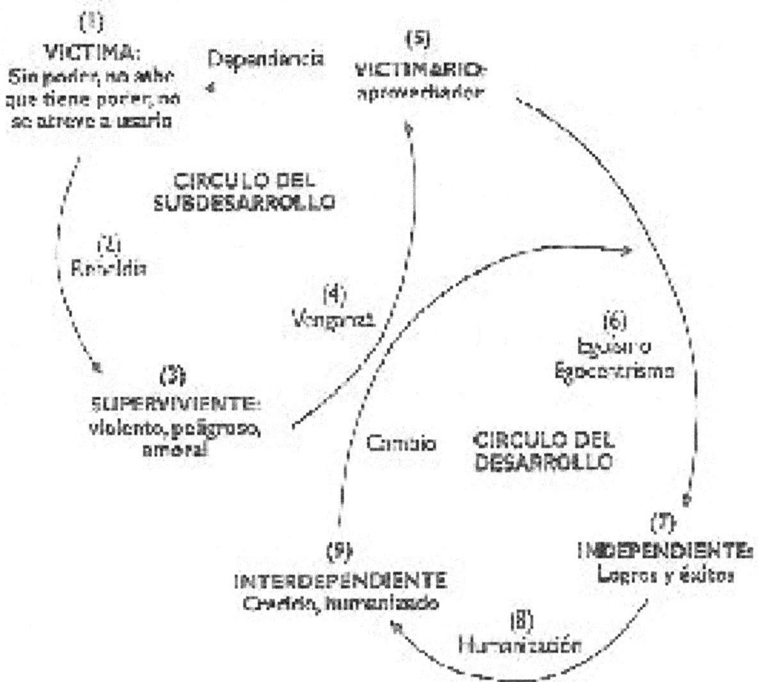

A continuación describiremos cada uno de estos pasos.

El Círculo del Subdesarrollo

LA VICTIMA   paso 1

No tiene poder, no sabe que lo tiene y por ello no lo ejerce, o no se atreve a ejercer el poder que tiene. Mantiene una relación de amor-odio con el victimario.

EL REBELDE   paso 2

Es la víctima que decide romper la relación de dependencia con el victimario, por ello, queda sin mantenimiento estable.

EL SUPERVIVIENTE   paso 3

El rebelde pierde lo que le queda de piso y se encuentra en una situación desesperada, en la que tiene que enfrentarse a un medio ambiente que percibe como hostil; de esta manera se torna violento, amoral y peligroso.

EL VENGADOR   paso 4

En la supervivencia, además de sobrevivir el que se encuentra en ella busca vengarse del victimario (real o simbólico) que le hizo tanto daño. Se dirige a él para destruirle y quitarle el poder. Si tiene éxito, avanza; sí pierde sería un superviviente en peores condiciones o una víctima mayormente dominada por el victimario.

EL VICTIMARIO   paso 5

Ejerce el poder sobre el defecto que tienen las víctimas que están bajo su cargo, estableciendo las reglas del juego y las morales que crea más adecuada, para el dominio del otro. En este punto tiene que tomar la decisión de seguir adelante en la evolución o mantenerse en esta posición para lo que tiene que dominar a la víctima y controlar los ataques de los supervivientes.

Sí el superviviente le vulnera y le quita el poder, pasa entonces a ser su víctima, lo que establece el llamado *Círculo del Subdesarrollo* que consiste en el paso continuo y sistemático del actor por cada uno de estos cinco estadios. .

El Círculo del Desarrollo

EL EGOISTA EGOCENTRICQ   paso6

Es el victimario que decide salirse del Ciclo del Subdesarrollo para cultivar un poder más autónomo que le permita no estar continuamente a la defensiva. En esta etapa buscará los logros que le permitan sentir que ha alcanzado la autonomía necesaria para mostrarse como un independiente. Manifiesta un gran egoísmo, quererlo todo para sí y un evidente egocentrismo, que le permite ser un centro de atención y de admiración.

EL INDEPENDIENTE   paso 7

Sí la personalidad egoísta-egocéntrica obtiene el logro de sobreponerse a esa condición, puede convertirse en la personalidad independiente. Entonces logrará hacer lo que necesite o quiera pero, al mismo tiempo, está en la búsqueda permanente del reconocimiento (éxito) que no le dan.

EL HUMANIZADO   paso8

Cuando el independiente posee los logros que le dan autonomía y, luego obtiene el reconocimiento de esos logros, pasa a una nueva dimensión que hemos denominado humanizado, puesto que en ella ya deja de ser el personaje centrado en sí mismo para comenzar a comprender la real situación de los demás.

EL INTERDEPENDIENTE   paso 9

Es la cima del desarrollo psicosocial y consiste en la personalidad que, teniendo logros y éxitos, se ha transformado en el gran triunfador, y que ya está en capacidad de priorizar a la ética unificadora por sobre las morales individualizadoras. Cuando la personalidad se ubica en esta posición, le sucede lo mismo que al victimario, es decir, que tiene que decidir si continua adelante para espiritualizarse (paso 10) o volver a posiciones anteriores que le permita tener nuevos logros y reconocimientos que reforzarán su autonomía. Los pasos 6 a 9 constituyen los elementos del denominado *Circulo del Desarrollo*.

Análisis de resultados

El análisis cuantitativo se inicia con el cálculo del promedio de los veintiséis elementos que componen la Imagen Psicológica investigada. A partir de allí es posible establecer otros indicadores y relaciones, tal como se muestra a continuación:

Nivel de evolución psicosocial:

Como señalamos, es necesario obtener el promedio de los veintiséis elementos que se evaluaron en la imagen psicológica, que se interpreta de la siguiente manera:

- entre 1.0 y 5.99   víctima-rebelde-sobreviviente-victimario. Círculo del Subdesarrollo

- entre 6.0 y 6.99   egoísmo egocéntrico4 Transición hacia el Círculo del Desarrollo

- entre 7.0 y7.99   independiente. Círculo del Desarrollo

- entre 8.0 y 8.99   humanizado. Círculo del Desarrollo

- entre 9.0 y 10.0   interdependiente. Círculo de Desarrollo

Dimensión del conflicto intra personal:

El análisis de su Imagen Psicológica permite también detectar la existencia de un conflicto intra personal, así como su magnitud. A tal fin seleccione, de entre los veintiséis elementos que la componen, cuatro (4) en los que se asignó mayor puntuación y obtenga el promedio numérico. Haga lo mismo con los cuatro (4) que tengan la menor puntuación. Obtenga ahora la diferencia entre ambos promedios (reste al valor mayor, el valor menor). Este número traduce la magnitud de su conflicto personal si es que existe.

Valores cercanos a I indican bajo nivel o ausencia de conflicto; valores cercanos a 2, revelan un conflicto moderado; valores de 3 o más significan conflicto grave que debe ser atendido. Para ahondar en el análisis, en el caso de conflicto moderado o grave, puede ubicar en el cuadro anterior, tanto el promedio superior como el inferior. Esto le permitirá identificar los elementos del conflicto. A manera de ejemplo, si el promedio superior le da 7.5 y el inferior, 3.6, usted tiene un conflicto interno en el cual su parte independiente (con logros pero sin reconocimientos) se enfrenta a su parte superviviente (rebelde) que tiene 3.6.

Dimensión de las relaciones interpersonales con personalidades que se encuentran e diferentes o similares niveles:

El estudio de estos resultados es difícil de hacer ya que supone una serie de análisis semánticos que son particulares y específicos por lo que el cuadro que sigue, sólo tiene valor general y descriptivo, y así debe tomarse. En todo caso, el nivel alcanzado en la escala de evolución psicológica determina la capacidad que tenga el negociador para establecer una relación empática con otro negociador, dentro de las posibilidades que permitan las circunstancias.

Las relaciones de empatía que produce cada uno de los niveles de categorización, en la evolución psicosocial,, generan un efecto de tal importancia que pueden afectar todo el proceso de negociación. Por ello es tan importante comprender de donde viene y como se traduce en las dinámicas de las relaciones interpersonales cotidianas. Esto es justamente lo que llamamos el Poder Empático cuyos resultados también se aplican para el conflicto intra personal.

Actores	Relación
De víctima a víctima	Solidaridad
De víctima a superviviente	Admiración - Ayuda
De víctima a victimario	Amor - Odio
De víctima a independiente	Admiración - Envidia
De superviviente a superviviente	Alianzas coyunturales
De superviviente a víctima	Subversión
De superviviente a victimario	Violencia - Venganza
De superviviente a independiente	Odio - Destrucción
De victimario a victimario	Valoración - Alianza
De victimario a víctima	Amor - Odio
De victimario a superviviente	Miedo - Destrucción
De victimario a independiente	Descalificación
De independiente a independiente	Alianza - Competencia
De independiente a víctima	Desprecio
De independiente a superviviente	Miedo
De independiente a victimario	Ilegitimación

Imagen Psicológica y fundamentos del poder

La ubicación del negociador en alguno de los diferentes niveles en la escala de evolución de la personalidad, que evaluamos antes, se traduce en relaciones de poder que se exponen en el siguiente cuadro:

PODER DE VÍCTIMA----- EXPLOTACIÓN DE SUS DEFICIENCIAS. PODER DEL DEBIL.

PODER DE REBELDE----- MIEDO DE LA VÍCTIMA SIN CONTROL

PODER DE SUPERVIVIENTE----- AUSENCIA DE VALORES MORALES Y ÉTICOS QUE

FUNCIONEN COMO EFECTIVOS CONTROLES SOCIALES.

PODER DEL VENGADOR   ACCIONES JUSTIFICADAS CONTRA EL VICTIMARIO

PODER DEL VICTIMARI----- DEFICIENCIAS Y DEFECTOS DEL OTRO. EJERCICIO DEL

PODER SIN CONTROLES.

PODER DEL EGOISTA----- INICIATIVA Y MOTIVACIÓN

PODER DEL INDEPENDIENTE----- AUTONOMÍA Y GERENCIA DE LOGROS.

PODER DEL HUMANIZADO----- COMPRENSIÓN DE LA REALIDAD HUMANA

PODER DEL INTERPENDIENTE----- ÉTICA Y PROMOCIÓN DEL PROGRESO

La Imagen General. Poder de Impacto

¿Qué tipo de mensaje genera usted, tanto con su cuerpo como con su forma de comunicarse con el mundo?. ¿Cuáles son los mensajes que envía a través de la mirada, del oído, del tacto, del olfato e incluso del gusto?

Sí usted puede contestar esta interrogante con gran facilidad y sus respuestas se corresponden con lo que piensan los demás, se encuentra en capacidad de manejar el primer impacto que es tan útil para la vida cotidiana y para toda negociación en las diferentes áreas.

El análisis del primer impacto que su personalidad genera en la psicología del otro, especialmente si se trata de negociadores, es importante puesto que aquí se establece el mensaje inicial, positivo o negativo. Al ubicar el modelo o estereotipo de imagen corporal acompañado con el modelo del discurso, usted estará preparado para manejar la dinámica del primer encuentro y ejercer el poder del primer impacto.

El *modelo de imagen corporal* representa el resumen que nuestra mente hace de las características físicas de un determina do emisor. El *discurso de la imagen corporal* está conformado por los principales códigos comunicacionales (estrictamente sensoriales) que se traducen entonces en el resumen de los mensajes (códigos) visuales, auditivos, táctiles, olfativos y gustativos que nos permiten evaluar y construir una primera opinión acerca del otro.

En nuestras investigaciones hemos definido cinco (5) modelos de imagen corporal, los cuales describimos a continuación.

Modelo Afectivo

Por sus facciones armónicas, equilibradas y simétricas, las personalidades que poseen estos rasgos corporales generan el deseo de cercanía en los demás. Otros elementos que ayudan a este mensaje de acercamiento inicial son las líneas corporales redondeadas (formas rellenas), los ojos grandes, las bellas sonrisas y la tersura de la piel. Se asocian con el tiempo futuro, es decir, generan seguridad en que las relaciones se mantendrán en el tiempo.

Modelo Erótico

Tienen un foco de atención en la cara o en zonas del cuerpo que luego se transforman en una especie de gancho que mantiene el interés dc la otra parte. Este foco inicial de atención puede ser cualquier elemento facial o corporal, que se califiquen como atractivos y altamente placenteros. El mensaje es parecido al de un imán en el sentido de atraer, siendo además, asociados al tiempo presente y, por lo general, son altamente polémicos, en el sentido de generar seguidores y detractores inexplicables.

Modelo Social

Son las personalidades que generan un mensaje de comunalidad, es decir, su tipología corporal es altamente común en un determinado grupo o región; con ello, envían claros mensajes de fácil identificación por la similitud de rasgos faciales o corporales, por cl color de piel o por otras características que son compartidas. Se asocia con los tiempos dcl pasado a través del origen común y del futuro con el establecimiento de un porvenir mejor, mientras que el tiempo presente se evalúa, como una transición entre el pasado y el futuro. Estas realidades de percepción le hacen obtener un gran poder sobre los demás, con un mínimo de esfuerzo debido a la fácil identificación con las mayorías.

Modelo Intelectual

Son las personalidades que con un físico alargado (más alto que ancho), con poca grasa en su corporeidad y con una mirada oscura y profunda, envían mensajes de racionalidad, de gran inteligencia y, hasta cierto punto, de una frialdad origina), que les hace ser respetados antes que amados, deseados, seguidos o admirados. Se relaciona con los tres tiempos, puesto que deben tener claras respuestas para las preguntas que se tengan del pasado en los análisis retrospectivos, del presente con los análisis de tipo situacional y del futuro con los análisis de tipo prospectivo.

Modelo Triunfador

Es el mensaje que transmite un cuerpo de personalidad que se evalúa como cuidado y sano, de quien trata a su corporeidad como la principal riqueza que posee. Es una persona con un cuerpo trabajado, y que por lo tanto puede, dependiendo de sus circunstancias, expresarse tanto en un afectivo como en un erótico, social o intelectual. Tiene un mensaje primario de logros y éxito que le convierte en un ganador y que, además, se relaciona con los tiempos presente (bienestar) y futuro (seguridad).

El cuadro siguiente resume las características que definen cada uno de los modelos de imagen corporal descritos. La mayoría de las personas pueden tener elementos de dos o tres modelos al mismo tiempo.

Modelo	Intención	Misión	Tiempo
Modelo afectivo	acercamiento	felicidad	Futuro
Modelo erótico	atracción	placer	presente
Modelo social	identificación	confianza	pasado y futuro
Modelo intelectual	razonamiento	credibilidad	Pasado, presente futuro
Modelo triunfador	logros	admiración	presente futuro

La presencia de elementos de los cinco modelos constituye una imagen óptima. La ausencia de un modelo definido corresponde a una personalidad con poca fuerza comunicacional.

Por su parte, lo que hemos denominado el *discurso corporal* representa una síntesis del mensaje de los códigos comunicacionales que utiliza la personalidad para manifestar, de manera consciente o no, la claridad de su objetivo o misión. Es el mensaje que quieres transmitir a través de códigos comunicacionales, tales como: gestualidad o lenguaje corporal, colores, maquillaje, accesorios, tono de voz, proxémia, mirada y olores. Representa la presencia de una gran cantidad de elementos que se integran en un solo mensaje (mientras más clara sea esta unión dc códigos más impactante será el mensaje). Tienen el mismo valor de los modelos de imagen o estereotipos que describimos pero a diferencia de ellos, el discurso puede ser modificado a plena voluntad y rápidamente.

Como resultado de nuestras investigaciones se distinguen cinco tipos de discurso o Códigos:

Código Armónico

La intención comunicacional está en producir, mantener, recuperar o mejorar el clima de armonía y entendimiento. Es el resumen de un comportamiento suave y pacificador que utiliza colores suaves y pasteles, el blanco y cl azul claro, con un vestuario ancho y cómodo, con una forma de mirar al entrecejo, que manteniendo una buena comunicación, no se evalúa como invasiva. Los olores son suaves como fragancias florales y se asocia con el toque suave y los sabores dulces. Traduce un claro objetivo de amor, sin confusión en su misión de amar.

Código Agresivo

La intención comunicacional está en generar cambios importantes para llamar la atención y hacer que ésta se centre en sí mismo. Es, por lo tanto, un comportamiento directo y con objetivo específico, que recuerda al de los felinos, con colores brillantes y que utlli2a preferentemente el rojo y el negro, un vestuario llamativo y una mirada que, primero se dirige a la pupila del otro, para luego explorar el rostro (sin bajar del párpado). El saludo es invasivo y posesivo, elige a unos y rechaza a otros. Los olores son fuertes y persistentes. Traduce un claro objetivo de llamar la atención o la misión de obtener placer.

Código Cohesivo

La intención comunicacional dc este discurso está en agrupar con su sola presencia. El discurso cohesivo es el que utiliza el líder de multitudes. Es un comportamiento amplio y llamativo que usa un vestuario común y corriente, con la clara intención de para no llamar la atención por la forma. Mira al otro, enfocando la nariz como objetivo, de esta manera, no tiene el contacto visual. Su saludo es posesivo pero rápido. No huele a nada en particular. Traduce un claro objetivo de unir a través de su propia figura y como misión, nos habla del luchar, de obtener logros para tener poder sobre los demás.

Código Analítico

La intención comunicacional de este código está en alejarse de lo observado, para ser y demostrarse como una personalidad objetiva e imparcial en sus conclusiones. Utiliza un discurso frío, y corporalmente muestra una lejanía con el otro, con una distancia de más de medio metro, sin contacto físico. Recurre al vestuario clásico y austero pero que puede ser elegante; se caracteriza por tener una voz monótona, que puede cansar al interlocutor, a excepción, de una profunda mirada que pareciera penetrar en la mente del otro. Este discurso profundiza el objetivo dc observar para conocer, tener información objetiva y poder cumplir la misión de saber.

Código Proyectivo

La invención comunicacional de este discurso está en la capacidad de generar la admiración que produce un triunfador. Es la personalidad que sabe que ha alcanzado logros importantes y los ha celebrado. Sus elementos más importantes están en la utilización de un vestuario y accesorios de gran costo económico, con una mirada que se ubica en la ceja derecha del interlocutor y, sobre todo, en el manejo de una voz que, con una dicción perfecta y con una velocidad mccli genera la admiración. Cuando se utiliza este discurso se profundiza el objetivo de crear el mensaje del invulnerable triunfador o de perseguir la misión del tener, es decir, de producir, acumular y disfrutar de las riquezas materiales.

Sí resumimos los valores comunicacionales del primer impacto que envía la imagen general de un negociador, obtenemos el siguiente cuadro:

Discurso	Intención	Misión	Conducta
Armónico	Armonía	Paz	Suave
Agresivo	Impacto	Atracción	Llamativa
Cohesivo	Unión	Liderazgo	Unificadora
Analítico	Explicación	Comprensión	Controlada
Proyectivo	Triunfo	Éxito	Sofisticada

Esta es la primera imagen que los demás analizan en un negociador. En consecuencia, se debe estar consciente de que cada uno de nosotros, emite señales que dependen del modelo y del discurso corporal y que éstas generan respuestas. La unión de estas percepciones, causa el efecto de la primera impresión que resulta necesaria conocer y manejar para alcanzar mejores resultados.

La mayoría de las personas utilizan con preferencia un solo discurso, aunque puede haber combinaciones. El uso exagerado de un discurso transmite una mala imagen general.

¿Qué mensajes envía Usted con su presencia física?

Es importante que analice el mensaje que Usted envía en los primeros contactos, cuando la gente no tiene mayores informaciones de quién es realmente. Sí Usted, tiene conciencia de los efectos que genera esta primera impresión, podrá conocer lo que percibe la gente, el mensaje primario que trasmite su cuerpo (felicidad, placer, confianza, credibilidad o admiración) y, en segundo lugar, qué mensaje envía acerca de sus objetivos en ese momento o, de la misión trascendente de su vida.

De la combinación del modelo y del discurso surge una matriz de 25 posibilidades de imagen general, las cuales se detallan a continuación:

Las celdas sombreadas muestran la combinación de modelo y discurso que generan la imagen "pura". Al interior de la matriz: en mayúsculas la imagen correspondiente a la combinación de modelo y discurso y en minúsculas la anti-imagen

Modelo / Discurso	Afectivo	Erótico	Social	Intelectual	Triunfador
Armónico	TIERNA / Débil	SENSUAL / Objeto	CONCILIADORA / Cómplice	COMPRENSIVA / Complaciente	SENCILLA / Hipócrita
Agresivo	POSESIVA / Inmadura	SEXUAL / Pecadora	REVOLUCIONARIA / Anárquica	CREATIVA / Desadaptada	CONQUISTADORA / Ambiciosa
Cohesivo	SOLIDARIA / Dependiente	CARISMÁTICA / Atropellante	LUCHADORA / Sacrificada	DUCTORA / Avasallante	PRODUCTIVA / Explotadora
Analítico	SERENA / Resignada	INQUIETANTE / Perversa	DIRIGENTE / Dictatorial	ANALÍTICA / Distante	REALIZADA / Prepotente
Proyectivo	PROTECTORA / Castradora	HEDONISTA / Estrafalaria	NEGOCIADORA / Traficante	EFICIENTE / Manipuladora	FULGURANTE / "Pantallera"

Psicología del Primer Impacto

Cuando una determinada psicología se pone en contacto con el primer mensaje que envía otro ser humano, a través de su modelo de imagen y su discurso corporal (sus características físicas y su comportamiento básico) se evoca el aprendizaje que se ha tenido a lo largo de la vida. Sin duda, este primer impacto condicionará los primeros pasos en el proceso de relación interpersonal, lo cual, sabemos es fundamental en el inicio de una negociación.

En el siguiente cuadro queremos sintetizar, de una manera aproximada, las posibles relaciones que se dan entre los diferentes negociadores en cuanto al impacto, es decir, del mensaje de sus realidades físicas y del esquema valorativo general de su comportamiento.

MODELO DISCURSO	AFECTIVO ARMONICO	EROTICO AGRESIVO	SOCIAL COHESIVO	INTELECTUAL ANALITICO	TRIUNFADOR PROYECTIVO
AFECTIVO ARMÓNICO	ESTABILIDAD	DESEO	INTEGRACION	COMPRENSIÓN	PROTECCIÓN
EROTICO AGRESIVO	DESEO	CHOQUE	INTENSIDAD	COMPLICACION	COMPETENCIA
SOCIAL COHESIVO	INTEGRACIÓN	INTENSIDAD	LUCHA	JUSTIFICACIÓN	RIQUEZA LEGITIMACIÓN
INTELECTUAL ANALITICO	JUSTIFICACION	OBJETIVIDAD	SUPERIORIDAD	LEGITIMACION	COMPRENSION COMPLICACION
ECONOMICO PROYECTIVO	PROTECCION	COMPETENCIA	RIQUEZA	SUPERIORIDAD	EXITO

La Imagen Emocional.

El Poder de las Emociones

Lo importante de las emociones es que tienen la capacidad de hacernos sentir la vida que se lleva, en cualquiera de sus momentos y etapas, como un terrible castigo o, por el contrario, como un premio.

Esto indica que dentro de los procesos de negociación, tengamos que aprender lo que son las emociones para comprenderlas, conocer su realidad y, sobre todo, crear y recrear, modificar o reforzar el tono emocional de cualquier realidad humana, para hacer del proceso lo más agradable posible.

Por ello le pedimos, que trate de averiguar, de manera honesta y sincera, cuál es su tono emocional habitual, es decir, aquel con el que acostumbra a enfrentar su propia vida, para luego, ir an1iando como permanece o va cambiando en las diferentes s situaciones.

En nuestra metódica, utilizamos un esquema en el cual, con una matriz F.O.D.A. (fortalezas y debilidades propias del individuo que se enfrenta a las amenazas u oportunidades del medio), se logran determinar cuatro (4) escenarios emocionales que son los siguientes:

Sí la personalidad percibe que tiene las fortalezas necesarias para aprovechar las oportunidades que brinda el medio ambiente, la emoción preponderante es la *alegría*.

Sí la personalidad percibe que sus debilidades no le permite aprovechar las oportunidades que le genera el medio ambiente, probablemente al sentirse frustrada, sienta *ira o rabia*.

En tercer lugar, sí a las debilidades que percibe la personalidad en sí misma, se le unen las amenazas en el medio ambiente, sin darle la oportunidad de luchar contra ellas, aparece la emoción de la *tristeza*.

Por último, sí el individuo percibe que las fortalezas con las que cuenta no son suficientes para enfrentar las amenazas que le da el medio ambiente, surge el *miedo*.

Cada una de estas cuatro (4) emociones tiene, a su vez, una expresión positiva y una negativa que se identifican de la siguiente manera,

EMOCION	Expresión Negativa	Expresión Positiva
ALEGRÍA	superficialidad	celebración
IRA	destructividad	constructividad
TRISTEZA	depresión	reflexión
MIEDO	paralización	organización

Estos llamados ladrillos fundamentales del mundo emocional, puede irse complicando cuando se vive a dos (2), tres (3) o cuatro (4) emociones. Cada una, con su respectiva expresión negativa o positiva, lo que genera una enorme gama de emociones que se pone en juego durante una negociación.

Vivir a una emoción

Hay personalidades que llevan su existencia con el predominio neto de una (1) de las cuatro (4) emociones descritas. De esta manera hay personas alegres, iracundas, tristes o miedosas. Cuando esto luce claro, hay que diferenciar sí lo hacen a través de sus posibilidades positivas, negativas o mezcladas.

Vivir a dos emociones

Cuando cualquiera de las cuatro (4) emociones, hace una dupla, se puede dar una idea de la forma en que evalúa y se comporta ante la vida, con las siguientes posibilidades,

Alegría + ira = venganza (-) justicia (+)

Alegría + tristeza = melancolía (-) nostalgia (+)

Alegría + miedo = temeridad (-) excitación (+)

Ira + tristeza = decepción (-) impulso (+)

Ira + miedo impotencia (-) reto (+)

Tristeza + miedo = desesperanza (-) ubicación (+)

Hay que recordar que cualquiera de estas mezclas pueden expresarse tanto en sus aspectos positivos (+) como negativos (-). Queda claro, entonces, que en nuestro esquema teórico, las emociones no son "buenas" o "malas" en sí mismas; su evaluación depende del énfasis que tengan sus aspectos positivos o negativo s.

Vivir a tres emociones

Cuando se vive a tres (3) emociones, se traduce en una incapacidad de la personalidad para vivir en una (1) de las cuatros (4) emociones básicas lo que, generalmente sucede en grupos tales como familias, empresas y comunidades. El siguiente cuadro nos muestra los aspectos positivos y negativos que se expresan cuando falta una emoción:

Vivir sin alegría dolor (-) fortaleza (+)

Vivir sin ira resignación (-) obediencia (+)

Vivir sin tristeza superficialidad (-) efusividad (+)

Vivir sin miedo temeridad (-) valentía (+)

Aquí también hemos incluido todas las combinaciones entre expresiones positivas y negativas que generan toda una gama importante de posibilidades.

Vivir a cuatro emociones

Por último, la vivencia de las cuatro (4) emociones tiene una expresión positiva que se puede englobar como el AMOR y una negativa que es el ODIO.

Esto se hace evidente, al conocer que el amor es la suma de las expresiones positivas de la tristeza en la reflexión, de la ira en la construcción, del miedo en la organización y, finalmente la alegría en la celebración. El odio, por su parte, replica las cuatro (4) facetas negativas de las emociones que son: la depresión en la tristeza, la destructividad en la ira, la sumisión en el miedo y la evasión-superficialidad en la alegría.

Esto es importante de conocer, pues al tener claridad de la naturaleza y su origen, se puede trabajar para convertirlas en positivas, evitando, en lo posible, sus realidades negativas y promoviendo los llamados climas emocionales favorables y para no contaminarse con las realidades negativas, que en forma intencional o no, aparecen para dañar el esquema negociador. El siguiente cuadro nos muestra las emociones dominantes y su expresión positiva y negativa, de acuerdo con el nivel alcanzado en la escala evolutiva psicosocial de la personalidad.

Nivel Evolutivo	Emoción	Positiva/negativa
Víctima	TRISTEZA	reflexión/depresión
Superviviente	IRA	construcción/destrucción
Victimario	MIEDO	organización/sumisión
Independiente	ALEGRÍA	celebración/superficialidad
Interdependiente	A M O R	amor/odio

LA IMAGEN IDEOLÓGICA.

El Poder del Cambio.

En muchos tipos de negociación, está involucrado el aspecto ideológico como algo fundamental, pues se enfrentan los paradigmas, modelos y normativas de la conveniencia de los diferentes procesos de comprensión en el manejo de una determinada realidad social.

En este punto es importante, una clara ubicación por parte del lector en lo que se refiere a la ideología, que en nuestra metódica se entiende, como la ubicación en tres (3) aspectos que contraponen las posiciones frente al cambio (revolución o conservadurismo), las posiciones frente a la convivencia (individualismo narciso o colectivismo extremo) y, finalmente las posiciones frente a los valores sociales, no individuales (pragmatismo o dogmatismo).

Para continuar en su proceso de autoconocimiento, le sugerimos proceder a ubicarse con relación a los componentes que definen su postura ideológica actual..

Actitud ANTE EL CAMBIO

En la actualidad, su posición ante el cambio en la sociedad lo puede catalogar como revolucionario (cambios drásticos, rápidos y profundos), renovador (cambios continuos pero menos profundos) o conservador (cambios mínimos o leves)

En una escala entre 1 a 10, la revolución se encuentra cercana al 1 y el conservadurismo al 10 con una condición intermedia que es la de Renovador.

Actitud ANTE LA CONVIVENCIA

En la actualidad, usted puede ubicarse, frente al pro ceso de convivencia, en una escala que va desde el 1 (extremo individualismo) hasta el 10 (extremo colectivismo), con posiciones intermedias de Ciudadano (conviviente) y Grupalista.

Actitud ANTE LOS VALORES

En la actualidad, su posición ante los valores, con los cuales debe manejarse la sociedad, está entre la posición pragmática, que le permite violentar normas pre establecidas para lograr el fin (1) y la posición dogmática, que le impide trastocar normas a pesar de que eso puede evitar alcanzar los fines (10). Entre más cercana su puntuación al 1 será más pragmática y más cercana al 10, dogmática. La posición intermedia es la de Práctico.

En resumen, de acuerdo con la percepción que tiene de sí, desde el punto de vista ideológico, las posiciones o actitudes ideológicas son las siguientes:

ANTE EL CAMBIO se puede ser:

Revolucionario

Renovador

Conservador

ANTE LA CONVIVENCIA se puede ser:

Individualista

Ciudadano

Grupalista

Colectivista

ANTE LOS VALORES se puede ser:

Pragmático

Práctico

Dogmático

Busque el resultado de su percepción ideológica en el siguiente cuadro general de las escuelas de pensamiento ideológico de acuerdo a estos tres (3) posicionamientos.

De acuerdo a su ubicación en la escala evolutiva de la imagen Psicológica, el negociador mostrará la imagen ideológica que se muestra en el cuadro siguiente:

Nivel Evolutivo	Imagen Ideológica
VÍCTIMA	CONSERVADOR (sin poder)
SUPERVIVIENTE	REVOLUCIONARIO o ANARQUICO
VICTIMARIO	CONSERVADOR, INDIVIDUALISTA, DOGMATICO
INDEPENDIENTE	RENOVADOR, INDIVIDUALISTA, PRAGMATICO
INTERDEPENDIENTE	SUSTENTABILIDAD

Negociaciones vulnerables e invulnerables

Para nosotros, la relación entre la psicología del individuo y la imagen ideológica dc sí mismo o de otro, es muy importante, ya que influye en las posibilidades reales de éxito en una negociación. Es fundamental conocer la idea que tenga cada individuo acerca de cómo enfrenta, desde el punto de vista ideológico, una determinada realidad social.

Cuando los negociadores difieren en su actitud o percepción del cambio, de la convivencia y de los valores, su vulnerabilidad es máxima, considerándose casi imposible que se generen acuerdos; mientras que, cuando su posicionamiento es el mismo en el cambio, la convivencia y los valores, la negociación mostrará signos importantes de invulnerabilidad, pues ambos negociadores están persiguiendo los mismos objetivos sociales.

Cuando las diferencias se refieren a un solo aspecto de la imagen ideológica, las negociaciones tienen buen pronóstico, mientras que con dos posicionamientos diferentes la vulnerabilidad aparece como factor que conspira contra una negociación exitosa.

LA IMAGEN MORAL.

El Poder de la CONFIANZA

La imagen moral puede relacionarse con la credibilidad general que plantea el negociador así corno también con su capital social.

¿Cuál es el mensaje moral que emite su personalidad y qué consecuencias genera en el resto de las personas, en especial, en todos aquellos que quieran negociar con usted? Este es un punto básico que enfrentamos con unos lineamientos hallados en un libro de Adela Cortina, "El quehacer ético" el cual plantea, en forma clara, la existencia de cuatro (4) referentes morales con los cuales podemos encarar nuestra existencia como individuos pertenecientes a una determinada sociedad.

Evaluación de la IMAGEN MORAL

Para evaluar su imagen moral actual, escoja entre estas opciones, las cuales muestran bajo qué fundamento moral actúa su personalidad o la que está evaluando — seleccione máximo dos (2) opciones.

MORAL DE LA ESPERANZA:

Es capaz de someterse a grandes sacrificios en el presente para tener grandes logros en el futuro.

MORAL DEL PLACER

Actúa bajo el mandato de vivir lo mejor posible el presente porque el futuro siempre es incierto e inseguro.

MORAL DE LA RAZÓN

Actúa bajo el mandato de tener la mejor organización posible para poder seguir actuando como tal, pagando el precio de someterse a una fuerte autoridad.

MORAL DEL DIÁLOGO

Actúa basándose en las conclusiones que obtenga tras las discusiones que se han llevado a cabo en las condiciones más igualitarias posibles, es decir, bajo la premisa de la existencia y la importancia del otro.

MORAL CAMBIANTE

MORAL INDEFINIDA

NO SABE LA RESPUESTA

La moral de la esperanza se fundamenta en el premio que espera aquel que haga los sacrificios en el presente. **La moral del placer asume** que el único tiempo real es el presente y que, por lo tanto, hay que disfrutarlo 'al máximo. **La moral racionalista**, obliga a que se dé una organización fuerte y dura, no por la presencia de premios futuros sino por una pragmática necesidad de supervivencia. Finalmente **la moral dialógica**, sugiere la presencia de valores asumidos, luego de discusiones que se hagan entre los interesados, en la más justa e igualitaria de las posiciones.

Sí usted posee un criterio moral, que pueda explicarse muy bien con alguna de las cuatro (4) proposiciones planteadas, tiene una gran claridad con la que puede unir sus valores personales con los elementos ideológicos. Así puede buscar una coherencia que permita explicar las relaciones internas que pueden darse. Sí usted está claramente definido por una moral de las planteadas, tiene que estar en conexión lógica con su posicionamiento ideológico.

Esta misma reflexión es importante de realizar en cualquier otro negociador con el cual nos topemos en la búsqueda de soluciones. Comprender bajo qué parámetro moral actúa una determinada personalidad, nos va a relatar en pocos trazos, cuáles son los criterios, con los que va a sentirse mal o bien en su vida personal, al ejecutar una acción en cualquier espacio público.

Esta imagen moral será la que generará confianza o desconfianza en el otro y que, por lo tanto, incrementará o disminuirá, la credibilidad que el otro negociador transmite. Por ello, un ajuste moral —aunque no se dé el ideológico o el ético- será suficiente para el establecimiento dc una buena relación durante el proceso negociador, al menos en sus etapas de inicio y media pero, no podrá superar la etapa final del proceso, es decir, cuando se vaya a soluciones concretas de la dinámica. En esta última etapa, la confianza del uno en el otro, depende de poder compartir, aparte de los valores éticos, una serie de valores morales básicos.

Consonancia entre Imagen Ideológica e Imagen Moral

De nuevo, y de acuerdo al nivel alcanzado en la escala evolutiva de la Imagen Psicológica, es posible establecer relaciones entre la Imagen Ideológica y la Imagen Moral, tal como se muestra en el cuadro siguiente:

VÍCTIMA	esperanza
SUPERVIVIENTE	ausencia de moral
VICTIMARIO	racionalismo
INDEPENDIENTE	placer (Hedónico)
INTERDEPENDIENTE	dialogismo.

¿Existe realmente una moral conservadora y otra revolucionaria?

LA IMAGEN ÉTICA.

El Poder de la identificación profunda

Otro de los elementos fundamentales que tiene que conocer toda personalidad negociadora, se encuentra en los mensajes éticos que genera, los cuales separamos intencionalmente, de los valores morales analizados en el aparte anterior.

Sí se llega a preguntar qué tipo de valores éticos le transmite a quienes le conocen, superficial o profundamente, probablemente sus respuestas variarán de acuerdo con la información y formación que tenga al respecto. Es un asunto complejo, pues es uno de esos temas polémicos en los que cada cual tiene diferentes percepciones. Para tener un lenguaje común, hablamos de lo ético y de los mensajes que genera una persona, individual o colectiva, de acuerdo a unos parámetros que escribió el filósofo español del siglo XX, José Luis Aranguren en su libro "Ética y Política", en el que propone cuatro (4) tipos diferentes de ética y que describe como:

La ética realista que se fundamenta en el mandato de: "todo vale" y describe una posición pragmática que permite "hacer todo lo necesario, para obtener lo que se quiere". Para muchos, esto sería "anti ético" pero, debe considerarse, especial mente cuando se trata de negociaciones.

La segunda posibilidad está en la llamada **ética aislacionista** que se ejemplifica con aquellos que asumen una posición de retiro del mundo público y político, por considerarlo "sucio", para mantener su propia "limpieza", pues en el fondo piensan, que es una labor deshonesta. Al aislarse, se protegen de las tentaciones y del trabajo "indigno", a conciencia de que quienes lo hacen, pagan un alto precio.

La ética trágica, acepta que la realidad del mundo público y político genera una lucha entre el bien y el mal y siempre va a ganar el mal. Sin embargo, el deber es luchar en defensa del bien pues no hay otro camino. Este es el fundamento filosófico de algunos movimientos como el del romanticismo y su tragedia.

Por último se tiene la visión de la ética dramática que plantea una constante lucha entre dos o más esquemas éticos en la que ganará, aquel que trabaje y luche más; ya sea la que representa el bien o la que represente el mal. La vida, bajo esta percepción es una obra siempre inconclusa, que obtiene finales parciales y diferentes, que premian a quien haya dedicado más.

Evaluación de la Imagen Ética

Ahora trate de escoger una de las alternativas que se exponen a continuación para explicar la realidad ética de la personalidad que estudia, de acuerdo a su percepción

REALISMO

Comprende que la presencia de los valores éticos dentro de sus diferentes realidades en el escenario público, anulan la posibilidad de logro y de éxito, motivo por el cual su actuación no se guía con estos valores a pesar dc que para tener poder, tiene que fingirlos.

AISLAMIENTO

Por la clara conceptualización de la anti-ética de la gran mayoría de los actores que intervienen en la vida pública, decide no contaminarse con ellos y por esto, busca y promover un aislamiento de este contaminado ambiente.

TRAGEDIA

Comprende que a pesar del inminente peligro que corre por sus valores éticos en la actuación pública, hay que actuar para dejar marcada una posición al respecto. Todo termina mal, irremisiblemente.

DRAMA

Comprende que en Jis diferentes dinámicas hay un continuo enfrentamiento entre el bien y el mal y que, por lo tanto, si se actúa en forma ética y conveniente se triunfa en esta eterna lucha.

<u>ÉTICA CAMBIANTE</u>

<u>ÉTICA NO DETERMINADA</u>

<u>NO SABE</u>

Entonces, ¿cu1 es el resultado que se produce entre la psicología (imagen psicológica) de una personalidad y el posicionamiento ético con el que se evalúa a un negociador?, ¿Qué le genera?

Compartir los valores éticos conduce, sin duda alguna, a establecer un mayor grado de confianza y credibilidad, lo cual es ocasión para un proceso de identificación, que logra, incluso, que feroces enemigos terminen por sentir un profundo respeto entre ellos.

El siguiente cuadro muestra las características de la Imagen Ética asociadas a cada nivel de la escala evolutiva de Imagen Psicológica

PERSONALIDAD	IMAGEN ÉTICA
VÍCTIMA	TRÁGICA
SUPERVIVIENTE	SIN ÉTICA
VICTIMARIO	REALISTA
INDEPENDIENTE	AISLACIONISTA (HEDONISMO)
INTERDEPENDIENTE	DRAMÁTICA

La consonancia entre la Imagen moral y la Imagen ética

Uno de los puntos fundamentales para detectar a los negociadores, está en asentar el grado de consonancia o acuerdo o el de disonancia o desacuerdo, entre lo moral y lo ético, pues es ahí donde se generan realidades que son importantes para el des arrollo de la dinámica y de los obstáculos que ocurren dentro una negociación.

La moral de la esperanza es cónsona con la ética trágica.

La moral del placer es cónsona con la ética aislacionista.

La moral de la razón es cónsona con la ética realista.

La moral del diálogo es cónsona con la ética dramática.

Análisis de las disonancias

Moral de La esperanza:

Con ética realista, se emplea la esperanza para justificar el realismo. Es una manipulación a los terceros.

Con ética aislacionista, es contradictoria, a menos que, el sufrimiento se exalte en el aislamiento; otra posibilidad es que, el aislacionismo se desborde en el placer sin que otros lo sepan.

En el caso de la ética dramática, se relaciona con "una puesta en escena" que intenta convencer a los otros del valor que tiene la esperanza, lo que es muy propio de una personalidad histriónica.

Moral del placer

Con ética realista, coincide con personalidades crueles que pueden estar gozando de la práctica abierta de las relaciones de poder. Se pueden relacionar con el sadismo.

En cuanto a la ética trágica, con quienes gozan de la intensidad del dolor, pudiendo asociarse con el masoquismo.

Con la ética dramática, puede describir a personalidades intensas que gustan del riesgo y del juego como elemento de excitación en la vida.

Moral de la razón

Con ética aislacionista, genera una gran dificultad de comprensión pues se trata de un dictador en busca de la soledad, lo que, en el fondo se traduce en una enorme incongruencia.

Con ética trágica, es de una personalidad que bien podría detentar un trastorno importante en su forma de vida, tal vez busca expiar culpas y, así se somete al castigo.

Con la ética dramática, se resalta la importancia de una actuación en donde se busca impactar, con una capacidad que no existe. También puede representar una etapa de transición hacia el manejo de una moral dialógica.

Moral del diálogo

Con ética realista, representa a una personalidad que está tratando de manipular, a través de un diálogo que termina por ser falso o de poca importancia.

Con ética aislacionista, es la gran contradicción y, por lo tanto retrata a una personalidad en conflicto, en una gran represión o en un cambio, generado en sus parámetros éticos.

Con ética trágica, es el caso en el que el diálogo tan solo puede servir para buscar reafirmar la importancia de la tragedia, de lo inevitable en el destino. Puede recordar la presencia de víctimas que han aprendido a comunicarse.

Si relacionamos los parámetros de identidad con los de la confianza,

Baja identidad + baja confianza = rechazo, miedo

Baja identidad + alta confianza = confianza en el extraño

Alta identidad + baja confianza desconfianza de sí mismo

Alta identidad + alta confianza = aceptación, integración.

LA IMAGEN DE ROL.

El Poder de las expectativas

Es importante en una negociación, pero en general para la vida, que se tenga claridad acerca de las expectativas de las relaciones que usted está estableciendo en el resto de las personas, ya que de ello dependerá, en gran parte, los logros o fallas que existan en sus relaciones interpersonales y le permita también enfrentar, con mejor prospectiva, las dudas acerca del tipo de relación que quiere establecer con alguien y sobre el tipo de relación quiere establecer la otra persona con usted.

Esta complicación se puede resolver cuando se colocan tres tipos de relaciones en positivo y tres en negativo, que son las siguientes,

Relaciones en Positivo

<u>Amante:</u>

El rol de amante se describe mucho más allá que lo meramente sexual, pues establece una relación que se fundamenta en cl placer pero que, al mismo tiempo, huye de todo tipo de compromiso, tanto afectivo como de ganancia. El placer debe ser el gran protagonista de esta relación. Sí usted genera el mensaje de amante, debe tener claro, que le buscan para que brinde sensaciones intensas, sin que con ello, se intente profundizar esta relación para establecer un compromiso formal. La magia del amante está precisamente, en la libertad y sí ella se condiciona, se acaba el rol.

Sí, por el contrario, es usted quien busca un amante que le genere placer sin compromisos, cl mensaje que emita debe estar claro para evitar prometer amor en forma irresponsable.

<u>Amor Amigo</u>

Es el rol más buscado por las mayorías que quieren (o dicen querer) relaciones estables. Se basan en la continua profundización de una relación, que se considera importante, debido a la permanencia que se desea sostener, con todos los elementos de compromiso que se asumen. Para este esquema, debe tener con ciencia de que la amistad, es tan sólo un amor con características específicas.

Sí usted genera un mensaje de amor o de amistad, debe tener claro que la gente que se le acerca, no busca pasiones e intensidades sino, la tranquilidad y la seguridad de poder lograr una relación simétrica —de igual a igual- en la que se tienen derechos y deberes.

Sí, por el contrario, busca amores o amigos, no ofrezca gran intensidad ni un evidente placer, porque probablemente, proyectará una confusión ya que se pensará que usted busca un amante que le haga, tan sólo, sentirse bien.

<u>Aliado</u>

Es el rol del socio o del compañero que está compartiendo parte de su vida para ayudarle a lograr una serie de objetivos que pueden ser comunes o negociados. Esto, en cl sentido de que ambos se andan a conseguir algo específico. Por lo general, este tipo de relación tiene muy mala fama, aunque forman una parte importante en nuestras vidas privadas y públicas. Existen muchas relaciones dc parejas estables, que se fundamentan en este tipo de condicionamiento y terminan siendo más importante que el placer o el compromiso, pues se define la prioridad de la ganancia, que implica el estar al lado de alguien.

Sí genera en los demás un mensaje de socio o aliado ideal, tiene que enfrentar que lo buscan como un instrumento que ayuda a conseguir cosas que son importantes para los otros; sí no está conforme con ello (o le causa molestia generar este mensaje) puede ser que evite también las ganancias que le generaría aceptarlo y, desde allí, manejar la relación hasta el amor, la amistad o el ser amante. No trate de imponerse como amante, amor o amigo cuando lo que ven en usted es un aliado.

Sí lo que busca son aliados, que le ayuden a conseguir diferentes objetivos, lo fundamental es evitar limpiar este deseo, ofreciendo una amistad, un amor o un amante, porque probablemente saldrá con las tablas en la cabeza. El encuentro de buenos socios, en cualquier relación humana es de una importancia tal que, cuando hay franqueza en este rol, es cuando se puede complementar con compromisos o placeres.

Relaciones en Negativo

También se pueden generar mensajes que a pesar de ser culturalmente negativos, pueden tener aspectos muy importantes y hasta positivos sí se aceptan como tal y se enfrentan de manera adecuada.

<u>Odiante</u>

Es un rol que se conceptualiza en la capacidad que se tiene de generar malestar, con la sola presencia y es objeto de los más evidentes rechazos. Este puede originarse por diferentes motivos que van desde una estructura física que le recuerde a alguien que hizo mucho daño, hasta causas de tipo hormonal como por ejemplo, la presencia de un olor que no es culpa de quien lo emite.

Sí usted genera este tipo de reacción en algunas personalidades, lo primero que tiene que hacer es no tomarlo como nada personal y luego, tratar de profundizar la causa o los beneficios que tenga esta personalidad Acepte esta situación con la madurez necesaria. Hasta podría ser, que ande buscando que la personalidad sea la de un odiante, por no saber cómo actuar frente a esta persona en otros niveles de relación; algo así como "te detesto porque no sabía cómo amarte"

<u>Enemigo</u>

El rol más temido de encontrar es el de alguien que está en la capacidad potencial o real de hacer daño. Esto es lo que conceptualizamos como enemigo y es contrario a lo que puede hacer un amor o un amigo. Percibir que alguien puede dañar, es una capacidad importante que todo ser humano debe cultivar para actuar en consecuencia y, no siempre, es huir o destruir, sino que toma los caminos más extraños, a través de la seducción, para intentar volver amor o amigo, a quien se percibe como enemigo.

Sí genera este tipo de reacción en los demás, es decir que le vean como alguien peligroso, trate de actuar en consecuencia a través de algunas estrategias que pueden ir aclarando la relación por desagradable que sea. Lo primero es que se trate de una confusión que debe ser aclarada, Lo segundo —sí es realmente visto como enemigo- tratar de manejar la situación con una respuesta de aceptación a la seducción que le harán, para convertirlo en amante y, desde allí en amor o amigo o, como tercera opción, proceda a demostrar que tiene el poder y que está dispuesto a utilizarlo si le declara la guerra abierta para dañarle. Queda una cuarta opción que se utiliza en casos muy especiales —por la inteligencia de los enemigos- que es, simplemente, convertirse en un buen enemigo, es decir, en hacerle las advertencias que otros no se atreverían a decirle.

Esto permite suponer que hay personalidades que buscan unos cuantos "buenos enemigos" que le permitan avanzar a través del reto que significa tenerlos o del prestigio que dan en determinados ambientes.

<u>Opositor</u>

Este rol representa la capacidad que tienen algunas personalidades, de colocar obstáculos a otros a fin de impedirles afianzar logros. Cuando se profundiza su realidad y su dinámica general, encontramos que los opositores, al contrario de los enemigos, no significan daño sino fortalecimiento, a través de una profundización de la lucha por lograr los objetivos obstaculiza dos, o por la creación de nuevos objetivos o vías que terminan convirtiéndose en verdaderos buenos hallazgos en las dificultades.

Al generar un mensaje de opositor hay que tomar en cuenta la importancia de ser evaluado como "alguien capaz de ser un obstáculo", es decir, es una percepción de poder que se otorga a una personalidad que representa este rol, al igual que ocurre con el enemigo.

Mapa de Relaciones

Estos seis roles, bien diferenciados, entran en una dinámica con dos (2) reglas básicas: D rimero, la imposibilidad de tener, al mismo tiempo, los tres roles en positivo o en negativo y, como segunda norma la realidad de no poder estar en el mismo nivel dos veces, es decir, al ser amante no se puede ser odiante, ni al ser amor amigo, se puede ser enemigo o; al ser aliado, tampoco se puede ser opositor.

De esta manera, le recomendamos que evalúe qué espera de sí mismo en los roles que represente ser su amante (darse placeres sin compromisos), ser su amor amigo (comprometerse consigo mismo en las buenas y en las malas) o ser su mejor aliado (brindarse las oportunidades que desea para obtener lo que quiere).

Luego intente evaluar, con la mayor honestidad, cuál de estos roles desempeñan las personas más importantes de su vida en estos momentos y cuál desempeña usted. Analice sí los resultados son congruentes. Sí lo son, siga adelante y, sí por el contrario, está expresando algo completamente diferente a como usted quiere que lo vean, analice el por qué y su importancia.

Generación de Expectativas

Sí ante el amante, se busca placer no comprometido, la expectativa se encuentra en el goce sin compromiso. No se contempla el encuentro de amores profundos y estables.

Sí ante el amor amigo, se busca poder establecer compromisos que superen las situaciones, la expectativa está en la capacidad de conocimiento y comprensión profunda de la otra parte. No se contempla el encuentro de grandes placeres, ni grandes ganancias con el otro.

Sí ante el aliado, se busca la oportunidad de obtener algo que no se puede actuando en forma individual, la expectativa estará entonces en encontrar alguien que pueda brindar esta oportunidad. No se contempla el encuentro de grandes placeres no comprometidos, ni de grandes amores sólidos.

Sí alguien genera expectativas de amante y amor-amigo, se espera que brinde placeres no comprometidos y compromisos profundos al mismo tiempo, lo que hace que ésta relación genere grandes choques desde el primer momento. El problema es, que éste es el tipo de relación ideal que se promueve en el amor romántico cotidiano. Sí se mantiene esta relación, cada uno actuará como el principal opositor para que el otro logre sus objetivos.

Sí alguien genera expectativas de amante aliado, se espera que brinde placeres y ganancias, pero sin ningún compro miso de afecto o amistad, lo que le hace, básicamente, una relación fría, operativa y casi psicopática, en la que la otra parte es utilizada para disfrutar el máximo y obtener lo que quiere. Cuando observamos el esquema, terminamos comprendiendo, que lo negativo está en compartir con un enemigo que puede terminar por hacernos un gran daño.

Por último, tenemos la posibilidad de generar expectativas como amor amigo y aliado, lo que promueve el compromiso y las ganancias de cada una de las partes. Esto explica las relaciones estables más frecuentes. Pero, también pueden presentar el inconveniente de ser fácilmente generadoras de "odiantes" o personalidades rechazadas por lo que, muchas veces, este tipo de relación, necesita el oxígeno que se consagran con períodos dc distanciamiento.

Las expectativas negativas son las que genera el odiante de quien se espera rechazo, malestar y el displacer de su presencia. Por su parte, del opositor se asume el daño del enemigo y la colocación de obstáculos.

La presencia de un odiante enemigo genera unas expectativas muy intensas y negativas que pueden provenir, de acuerdo a este sencillo esquema, en la presencia dc un aliado al que se le teme y se le rechaza.

El mensaje que envía una personalidad odiante y opositora, podría generar confusiones pues, a pesar de que es rechazada por los obstáculos que coloca, se termina comprendiendo que se compensa, a través de un amor que pudiera ser catalogado como "malo".

Por último, tenemos a alguien que sea enemigo y opositor, es decir, alguien que daña colocando obstáculos pero que, al mismo tiempo, no es objeto de rechazos sino que, por el contrario es un buen amante, alguien que genera placeres intensos.

De la adecuada comprensión y manejo de este mapa de relaciones se puede establecer, en forma objetiva y racional, el mapa de ruta de una relación, entre dos o más personalidades. Lo importante, es hacer una buena evaluación de cada una de las relaciones, de las expectativas que se cumplen y de las que, por el contrario, generan grandes frustraciones, al no satisfacer los requerimientos mínimos.

En cada negociación, aparte de todos los elementos que se dan y que se han revisado en este aparte, este es un punto realmente importante, pues al generarse expectativas que no serán satisfechas, se ocasionará un efecto negativo. Quien conoce las expectativas que genera en el otro y las que tiene de la otra parte, tendrá un mejor control que aquel que no tiene conciencia del mapa en el cual está colocado.

De acuerdo al nivel en la escala evolutiva de la Imagen Psicológica, el siguiente cuadro muestra las relaciones, positivas y negativas, que son esperables según la imagen de rol:

Nivel	Positivas	Negativas
VÍCTIMA	amor amigo	opositor
SUPERVIVIENTE	enemigo	enemigo
VICTIMARIO	amor	odiante
INDEPENDIENTE	amante	opositor
INTERDEPENDIENTE	amigo/respeto	

LA IMAGEN TRASCENDENTE.

El Poder de la espiritualidad

Otra relación importante de evaluar, desde la psicología de un negociador, es la que se refiere a la *trascendencia*, que se establece a partir de los tres pisos del sistema nervioso del ser humano. Aquí se plantea la posibilidad de confrontar los mensajes básicos que se originan en cada uno de ellos. De esta manera, se explica el conflicto entre *la vida y la muerte*, que ocurre en el piso más primitivo o área de los reflejos, entre *el premio y el castigo* que se presenta en el nivel emocional y entre *la verdad y la mentira*, originado en el cerebro superior, específicamente, en el área prefrontal.

Con estos mensajes, podemos estructurar un análisis de contenido y originar con ello la claridad para manejarlos de la mejor manera.

Mensajes dc Vida o Muerte

Cada personalidad emite información que indica sí privilegia a la vida sobre la muerte, a la muerte sobre la vida o, sí, genera mensajes ambiguos.

La personalidad puede emitir mensajes de vida a través de múltiples vías como, la energía o la promoción de la existencia de vida ya sea humana, animal o vegetal. La presencia de un desierto, por ejemplo, lleva a un mensaje amenazante de muerte; todo lo contrario ocurre, con un mensaje que se asocia al agua fresca que se conecta, en forma inmediata, a la vida.

El estudio que la psicología de un determinado individuo hace, de la vida o de la muerte, así como de las realidades de su mensaje, termina siendo fundamental para la imagen de la trascendencia. Por ello, es importante que usted se analice en cuanto a la emisión directa o indirecta de cualquiera de estos dos mensajes.

Mensajes de Premio o Castigo

De la misma forma, cuando una personalidad entra en contacto con aquellos que perciben sus mensajes, recibe el *feed back* de la respuesta que también puede ser analizada en cuanto a la presencia prioritaria del premio sobre el castigo, de éste sobre el premio o igualmente, mensajes ambiguos.

El mensaje del premio o del castigo que siempre terminan relacionado, en forma íntima, con las emociones que ya estudiamos, puede resultar importante de evaluar, debido a la posibilidad que tiene todo ser humano para tomar la vía positiva o negativa de cada una de las emociones básicas que analizamos. Esto indica, que el premio emocional puede estar en la reflexión de la tristeza, en la motivación de la ira, en la organización que permite el miedo y en la celebración que coloca la alegría. Asimismo, en el sentido negativo, se puede encontrar depresión en la tristeza, destrucción en la ira, superficialidad en la alegría y paralización en el miedo. Hay que hacer énfasis en que los mensajes de premio son realmente difíciles de manejar, pues en ellos se generan una serie de refuerzos que pueden estar afianzando una realidad inconveniente. También, el dar castigos, puede convertirse en una irresponsabilidad, ya que puede evitar que se llegue al bienestar y a la. felicidad.

Mensajes de Verdad o Mentira

Finalmente, el análisis de los mensajes trascendentes de una personalidad, se refiere al contenido sobre la verdad o la mentira que ésta transmite, pudiendo también, establecerse la predominancia de una sobre otra, o la ambigüedad.

La racionalidad de un mensaje nos coloca ante la dualidad por estar ante una verdad, que puede ser comprobada o; de una mentira que no puede evidenciarse. El que un emisor sea evaluado, como un generador de verdad, se percibe como confiable, mientras que, sí es descubierto en la mentira y especialmente en engaños intencionales, será catalogado como fuente no-confiable en realidades específicas.

Generación de Espiritualidad

Cuando las tres respuestas se unen en esta diversidad de posibilidades, tenemos que; a medida en que una personalidad se acerque a estos mensajes de muerte, de castigo y dc mentira, será considerado como un ser menos espiritual y, mientras más se acerquen a la presencia y defensa de la vida, del premio y de la verdad, será considerado más espiritual y con más fuerza.

Así pues, la imagen menos espiritual puede ser catalogada como la que le da preponderancia a la muerte sobre la vida, al castigo sobre el premio y a la mentira sobre la verdad y que nos evoca la imagen de un ser *diabólico*, infernal. Por el contrario, una personalidad que genere mensajes de la vida por sobre la muerte, del premio por sobre el castigo y de la verdad por sobre la mentira, nos evoca la figura de un *ángel* que habita en el paraíso.

Entre estos diablos y ángeles habitan otros seres que nos dan mensajes intermedios que pueden ser calificados de la manera que se muestra en los párrafos siguientes.

¿Sobre cuál de estos puntos acentúa la personalidad? ¿Sobre cuál de esta trilogía de vida, premio o verdad se fundamenta una personalidad, en el sentido de ir más allá de su propia realidad, a fines de trascender en el espacio y en el tiempo?

La personalidad que coloca el énfasis en el mensaje de la vida será calificada como la de un ser enérgico y vital mientras que, quien lo haga con la muerte, será evaluado como fatal y destructivo, es decir, como peligroso.

Sí el acento lo coloca en los premios de la existencia, será valorado como positivo y optimista. Sí lo hace en el castigo recibirá los calificativos negativos de castigador y pesimista. Por último, sí el acento de su imagen lo hace en función de la verdad, podrá ser catalogado como real, veraz y sabio; por el contrario, si lo hace en la mentira será calificado como mentiroso, falso y hasta manipulador.

El siguiente cuadro muestra una síntesis de estos planteamientos, cuando el mensaje dominante es único:

Mensaje	Positivo	Negativo
Vida	vital-enérgico	fatal-destructivo
Premio	optimista	castigador-pesimista
Verdad	veraz-sabio	falso-manipulador

No obstante, con frecuencia encontramos una combinación de mensajes. Así, sí el énfasis se ubica en una combinación de la vida y el premio, olvidando la presencia de la verdad o la mentira, el generador de esta imagen es evaluado como un hedonista, un perseguidor de la vida y de su calidad.

Sí este acento lo coloca sobre la vida y la verdad, sin importar la presencia del premio o del castigo, es una personalidad invulnerable pues no permite el soborno de los placeres como premios y no le teme a los castigos que implican dolor.

Por último, sí este acento se coloca en el premio y la verdad, sin importar cl concepto de vida o muerte, transmitirá una realidad de supervivencia heroica.

El siguiente cuadro muestra un resumen de lo señalado:

Mensaje	Personalidad
Vida y premio	placentero-hedonista
Vida y verdad	invulnerable- no-manipulable
Premio y verdad	héroe-sacrificado
Muerte y castigo	verdugo
Muerte y mentira	inutilidad
Castigo y mentira	pérdida

De haber un equilibrio entre los tres mensajes, en la carga positiva estaríamos ante un ANGEL o, en la negativa la personalidad de un DIABLO.

Vida, premio y verdad ANGEL

Muerte, castigo y mentira DIABLO

Si relacionamos el nivel alcanzado en la escala evolutiva de la personalidad, las relaciones dc trascendencia serían las siguientes:

Nivel	Personalidad
Víctima	SACRIFICADO, MARTIR
Superviviente	DIABLO
Victimario	VERDUGO
Independiente	HEDONISTA
Interdependiente	ANGEL

Los mensajes con mayor espiritualidad son los que generan el interdependiente y la víctima, mientras que los supervivientes, los victimarios y los independientes, resultan ser catalogados como los de menor espiritualidad.

LA IMAGEN COMUNICACIONAL

El Poder de la claridad

(Encodificación)

La relación que analizamos entre la psicología de una personalidad y la realidad de otra personalidad, con quien se establece una negociación, está en la imagen comunicacional. En ella se analiza, de manera sistemática, sí una parte es bien entendida por la otra. Si utilizamos unos buenos niveles de honestidad, sinceridad, autenticidad y asertividad se puede hacer énfasis en la eficacia, es decir, en la capacidad de emitir lo que realmente se ha querido transmitir para generar la respuesta esperada.

De esta forma, para que también evalúe la claridad con la que usted está comunicando, le pedimos que revise los siguientes aspectos, que buscan saber sí es capaz de transmitir una información pertinente y valiosa, oportunamente y en un mínimo de tiempo y de espacio.

Este mensaje es fundamental para cualquier realidad humana y, muy especialmente en los casos de negociación que se libran más allí de los espacios estrictamente privados y que, promueven en la opinión pública una medición de fuerzas, haciéndoles ganar o perder simpatizantes, aunque éstos no tengan que ver con el asunto.

Por lo tanto conocer, desde el punto de vista comunicacional, el mensaje que genera es crucial. Toda personalidad puede ser resumida, más allá de su realidad, tanto en un signo como en un símbolo. Este es el sustento de lo que describimos como imagen comunicacional.

El *signo* de una personalidad es la identificación que se hace de ella con un conjunto de elementos que, siendo letras, números o la mezcla de ambos, le hacen tener una identidad definida. Es el nombre o los elementos inequívocos de un número de identidad o un código, los que le señalan como un ser único e irrepetible. Claro está, que dentro de estas imágenes signales hay muchos tipos que tienen diferentes consecuencias.

El *símbolo*, por otra parte, es un mensaje que puede ser leído de manera diferente, según al receptor que se ponga en contacto con él; es, por lo tanto, un mensaje no determinante, pues es equívoco ya que, puede generar más de una interpretación, que dependerá del marco que tenga cada perceptor respecto a este símbolo y que, a manera de ejemplo, puede ser un color, un animal, una figura geométrica, o cualquier otro elemento que metafóricamente, represente a la personalidad.

La importancia de esto en las negociaciones es funda mental, aún más, en aquellas que se efectúan en espacios públicos. Los mensajes comunicacionales que se afianzan en signos y símbolos de alto impacto para una sociedad determinada, pueden dificultar el grado de objetividad de una negociación, sí estos elementos se enfrentan a un participante que desconozca la significación del referido signo y símbolo.

Nombres

El nombre de un determinado negociador es quizás el resultado de muchos años de trabajo en un área especial y con muy difícil ejercicio. El nombre, con toda las grandes posibilidades de representaciones gráficas y mensajes auditivos (por hablar de los más frecuentes), se asocia inmediatamente, con la credibilidad que ha ido generando, manteniendo, acumulando, recuperando, deteriorando ú optimizando una determinada personalidad individual o colectiva.

Símbolos

Con frecuencia, todo negociador se enfrenta a un intercambio con personalidades que asumen símbolos que muchas veces pueden ser elementos de primera importancia por el efecto y las consecuencias que van a generar sobre toda o determinados grupos de opinión pública, general o especializada.

Íconos

Cuando un determinado signo se une con un símbolo de manera eficaz, se genera un icono, que de acuerdo a su grado de reconocimiento tendrá el poder para lograr influir de manera importante y a veces categórica en los resultados de una negociación. Negociar con un icono que tenga connotación positiva puede llevar a tener grandes desventajas mientras que, de la misma forma, hacerlo con uno que tenga valor negativo hace que se tengan enormes ventajas en ella.

Factores de credibilidad

En nuestros análisis de investigación, hay cinco grandes factores que van estableciendo la credibilidad de una personalidad, que se asocia a "un buen nombre", es decir, a una magnífica imagen signal. Hay ms credibilidad mientras exista mayor amabilidad, mayor percepción de idoneidad, mayor cornunalidad, mayor interés y mayor dinamismo. Asimismo, el peor nombre surgirá en la medida que se tenga una menor amabilidad, una menor percepción de idoneidad o competencia para hacer lo que se hace, una menor comunalidad, un menor interés que lo aleje y un bajo dinamismo que lo convierta en pasivo.

Hagamos una reflexión de cada uno de estos cinco puntos en relación con el nombre o imagen signal del negociador.

Amabilidad

Capacidad para recordar, experimentar o fantasear excelentes relaciones interpersonales, en las que se percibe una clara intención de respetar e incluso admirar, al otro.

Idoneidad

Capacidad que tiene el nombre para ser asociado con una efectiva realización de pensamientos, emociones y acciones, permitiéndole enviar mensajes competentes, que muestran su capacidad para hacer lo que hace.

Comunalidad

Capacidad que tiene el nombre para tener o representar características comunes con la otra parte, lo que promueve una positiva identificación, proyectando la idea de estar compartiendo elementos comunes.

Interés

Capacidad que tiene el nombre para hacer que se eje cuten acciones que logren un mayor acercamiento. Se diferencia del atractivo, en que éste puede no generar conductas de acercamiento mientras que el interés, es un paso más allá que genera conductas proactivas.

Dinamismo

Capacidad que tiene el nombre para provocar diversas acciones en diferentes medios, lo que proyecta una capacidad para promover cada vez más acciones.

VI. PSICOLOGIA DE LA NEGOCIACION

Flexibilidad y Tolerancia.

Los veintiséis (26) elementos que conforman la imagen psicológica, se organizan y expresan en cada una de las etapas o tiempos en que se ha segmentado todo el proceso de negociación, como veremos mas adelante. De esta manera, se genera una matriz que permite ubicar a cada uno de los negociadores en las áreas y tiempos en que resultan más efectivas sus cualidades psicológicas, como veremos en el último capítulo. Sin embargo, una condición necesaria y previa a toda negociación exitosa, consiste en asegurar que se cuenta con la suficiente flexibilidad y tolerancia.

Elementos indispensables: flexibilidad y tolerancia.

Es casi imposible pensar en un buen negociador si éste no tiene dentro de sus fortalezas psicológicas una adecuada flexibilidad y una tolerancia comprobada puesto que, al faltar cualquiera de las dos, se obtienen perfiles diferentes que afectarán la dinámica de la negociación. Si existe una mayor tolerancia que flexibilidad, estarnos ante un "buen diplomático", capaz de compartir con quienes no está de acuerdo sin vulnerar su integridad. Cuando, por cl contrario, existe mayor flexibilidad que tolerancia, se genera el perfil de un "trabajador social" quien debe aceptar las fallas de alguien con quien no tiene vivencias comunes.

Esto es importante, porque una negociación no es un acto meramente diplomático. Tampoco es una realidad con fines terapéuticos aunque, en algunas ocasiones, se necesiten ambas realidades para el logro de algunos objetivos.

<u>FLEXIBILIDAD</u>

Recordemos el concepto referido a la flexibilidad como un instrumento psicológico esencial para nuestra investigación:

Capacidad que tiene la personalidad para aceptar las fallas en /as expectativas que tiene acerca de algo o alguien.

Un negociador *inflexible consigo mismo*, probablemente no soportará las fallas que se producen en cualquier negociación importante, o en la dinámica de "estirar y encoger", o de proponer y retirar alternativas. Por su parte, un negociador que se muestre *inflexible con los demás*, también tendrá una serie de fallas que terminarán por inhabilitarlo para el proceso de negociación.

Un elemento que puede ser muy interesante y hasta polémico en la revisión de la flexibilidad, es que cl ser humano tiene la tendencia de mostrarse más inflexible con las personalidades y situaciones en las que tiene más expectativas. Esto puede hacer pensar que, al no existir importantes expectativas, por no tener grandes nexos o intereses en lo que se negocia, se puede ser un mejor negociador, premisa parcialmente cierta porque lo importante del buen negociador es, como en la vida de cada uno, ser flexibles al aceptar las fallas de las expectativas de lo que realmente nos importa. Aclaremos, sin embargo, que la flexibilidad producida por la falta dc interés, en la que no importa realmente qué es lo que pasa, es simplemente indiferencia.

<u>TOLERANCIA</u>

Al revisar, el segundo elemento imprescindible en la negociación, encontramos que el concepto que se dio de la tolerancia fue el siguiente:

Capacidad que tiene la personalidad para compartir conductualmente con quienes previamente no está de acuerdo en forma racional o se siente molesto emociona/mente.

Un negociador *intolerante consigo mismo* podrá estar continuamente molesto con las dinámicas de una negociación dura y esto podrá influir de manera negativa en los resultados, pues se hace punto de ataque fácil al poder irritarlo con rapidez. De la misma manera, el que un negociador sea *intolerante con los demás*, puede establecer unas dinámicas, que sí no son estratégicas, terminan dañando todo el proceso.

La tolerancia como elemento básico de la convivencia humana está. relacionada, en forma directa, con dos factores que hay que evaluar en toda negociación y que son: la *identidad*, entendida como la claridad de ser quien se es y, el poder, entendido como la capacidad para hacer lo que se requiere o se quiere y de no hacer lo que no se necesita o desea. Mientras mayor identidad y poder se tiene, más tolerante se puede llegar a ser porque, simplemente, la otra parte no constituye una amenaza para ninguno de los dos factores. Esto también indica que mientras más confusión exista en la identidad y menos poder se tiene, la persona tiende a mostrarse más intolerante con lo que es diferente puesto que, gran parte de las veces, traducen una gran amenaza a lo que se es y a lo que se puede hacer.

Valores Ideales

La valoración ideal en estos elementos, al igual que en el resto, se hace a partir de la puntuación obtenida de acuerdo al nivel de evolución de la Imagen Psicológica. Así, Si la personalidad se ubica entre un 6.0 y un 8.5 se asume estabilidad (adecuada flexibilidad y tolerancia). Obtener menos de 5.0 se puede interpretar como alguien inflexible e intolerante y más de 8.5, coloca a la persona en hiperflexibilidad, lo que se traduce en alguien capaz de perdonar todo y que puede ser fácilmente quebrantado y, en hipertolerancia que es alguien que comparte con todo tipo de situaciones.

El siguiente cuadro refleja la actitud negociadora básica en cada combinación de flexibilidad y tolerancia:

Baja flexibilidad + baja tolerancia intransigencia

Baja flexibilidad + alta tolerancia control

Alta flexibilidad + baja tolerancia debilidad

Alta flexibilidad + alta tolerancia transigencia

Los tiempos de la negociación

Como ya señalamos, la negociación es un proceso dinámico que puede organizarse en tres etapas a las cuales hemos denominado *tiempos*. La etapa inicial o *Tiempo Inicial* de la negociación tiene cuatro fases que deben cumplirse para luego abordar la segunda etapa con la menor presencia de obstáculos. A su vez, la etapa media o *Tiempo Medio*, cuenta con cinco fases que son las que van a permitir que en la etapa final o *Tiempo Final* o de remate, con sus cuatro fases, se cumpla los objetivos de ganancias que se han ido estructurando a lo largo de toda la negociación. En total se describen trece fases en las tres etapas o *tiempos*.

El Tiempo Inicial de la Negociación

Está constituida por cuatro (04) fases que se inician en el acercamiento hacia la otra parte, hasta poder contestar (nos) claramente, el para qué se está efectuando el proceso de negociación.

FASE 1. ACERCAMIENTO

La capacidad de todo negociador para acercarse a la otra parte y conocerla en forma real, además de dejarse conocer, es vital para emprender la dinámica negociadora. El adecuado cumplimiento de esta fase, redunda en una disminución de las tensiones que se hayan producido previamente o pudieran producirse por la aparición de elementos de tensión provocados, o por simple des conocimiento.

El concepto de acercamiento supone el intento de estar lo más próximo posible a otro. El acercamiento puede ser físico, psicológico, sociocultural y hasta espiritual, e implica el hecho de buscar la mínima distancia posible entre las partes, para que se generen los reconocimientos del uno por el otro. Aunque se repitan los elementos que hemos visto en los capítulos anteriores, luce fundamental remarcar que la capacidad de acercamiento se mide en varios aspectos:

Acercamiento físico

Para este acercamiento se debe definir la proxémica como el espacio territorial mínimo que toda personalidad carga consigo. Por lo tanto, reconocer la proxémica de la otra' parte, es fundamental para conocer en forma específica, las expectativas que se generan de los roles que cada cual interpreta. Asimismo, sí la proxémica de alguien es violentada puede generar respuestas muy inconvenientes.

Acercamiento psicológico

Desarrolla los aspectos positivos de la empatía que permite el cuadro de evolución psicosocial o modificarlo a plena consciencia.

Acercamiento emocional

Permite establecer o modificar un determinado clima emocional.

Acercamiento sociocultural

A través de la ideología se conoce la sensibilidad de los valores que se intercambian y de la confianza que permite el compartir los elementos morales.

Acercamiento espiritual

El resultado de la evolución de la imagen trascendente, puede impactar sobre parte importante del para qué (legitimación) de la negociación.

Acercamiento comunicacional

Una comunicación bien establecida que permita una transmisión clara de los datos pertinentes, ayudará a mejorar las diferentes fases de este primer acercamiento.

Para que se logre con éxito esta primera fase de negociación hay que contar con buenos niveles de atractivo y de simpatía.

ATRACTIVO

Sí recordamos que el concepto de atractivo es: la capacidad que tiene una personalidad para hacer que los demás quieran estar a su lado, para compartir un determinado tipo de experiencias, implica que, el atractivo en una determinada personalidad hace que tenga una mayor capacidad para el acercamiento.

Para ello hay que recordar que este atractivo puede ser de tipo físico, psicológico o socio cultural y que en determinadas negociaciones el juego entre unos y otros, puede ser determinante para establecer una buena dinámica o en su defecto, para perjudicarla desde el comienzo.

Gran parte de los negociadores de carrera son entrenados para que el atractivo de la otra parte, no sea un elemento tan poderoso como para generar cambios en el comportamiento esperado.

Conocer aquello que es realmente atractivo para la otra parte puede ser el punto de inicio en una negociación que, en otras situaciones pudiera estar cerrada.

SIMPATÍA

Por otra parte, sí la simpatía la conceptualizarnos en la primera etapa de la investigación como la capacidad que tiene una personalidad para hacer que quienes le conozcan quieran continuar a su lado, surge una capacidad que tiene más profundidad que el atractivo, pues generalmente es de primer impacto. La simpatía puede, en el esquema que utilizamos, tener una o varias expresiones en todas y cada una de las imágenes que describimos. Lo importante es saber, dónde se encuentra la simpatía que puede impactar a h otra parte, teniendo cautela con la exageración, que podría interpretarse como un intento de manipulación. Lo mejor es tener conciencia plena de la simpatía que generalmente maneja cada personalidad.

<u>PELIGROS</u>

Ambos elementos se pueden relacionar muy bien, cuando en una primera impresión se logra ser atractivo y, al mismo tiempo, se es capaz de cultivar una profunda relación a través de la simpatía.

Pero cuando una determinada personalidad es más atractiva que simpática puede generar una excelente primera impresión que se examina en los próximos encuentros, mientras que en caso contrario, la simpatía es más duradera que el atractivo, por lo que la relación puede irse profunc1iando a pesar de un inadecuado primer encuentro. Cuando ambas se encuentran en el mismo buen rango de personalidad (entre 6 y 85), se puede hablar de una gran capacidad para establecer acercamiento con negociadores difíciles.

Criterio de falla

Cuando no se logra el acercamiento deseado con la otra parte, se puede hablar de una falla en la fase y esto debe hacer que se reestructure la dinámica, para lograr la rectificación más eficaz.

Cuando el logro conduce al fracaso, es decir, cuando por establecerse un gran acercamiento, se producen distorsiones en los resultados esperados, tanto en una como en la otra parte, debido al grado de confianza o de cualquier otro sentimiento positivo que modifique las expectativas.

Criterio de logro

Cuando se produce el acercamiento que facilitará el resto dc las fases dc la negociación, se puede hablar de un logro de fase.

Cuando se mantiene un alejamiento estratégico que permite manejar el acercamiento como una esperanza de la otra parte.

Las distintas combinaciones de atractivo y simpatía se muestran en el cuadro siguiente:

Bajo atractivo + baja simpatía rechazo

Bajo atractivo + alta simpatía impactos posteriores

Alto atractivo + baja simpatía primer impacto

Alto atractivo + alta simpatía deseo J compañía

Para ayudar al acercamiento con otra personalidad con la que se piensa negociar, se puede enfrentar esta fase con el siguiente esquema, brindando la oportunidad que, de acuerdo al tipo dc negociación y a su realidad particular sea reforzada o, por el contrario, trate de superarse en forma rápida o, incluso evitada, sí fuera considerada como un obstáculo.

Bajo atractivo + bajo acercamiento rechazo

Bajo atractivo + alto acercamiento interés

Alto atractivo + bajo acercamiento cautela/miedo

Alto atractivo + alto acercamiento aceptación

Otras alternativas que generan respuestas similares, lo que traduce la importancia que tiene, para un buen acercamiento, tanto el ser atractivo como cl ser simpático.

Baja simpatía + bajo acercamiento rechazo

Baja simpatía + alto acercamiento interés

Alta simpatía + bajo acercamiento cautela/miedo

Alta simpatía + alto acercamiento aceptación

FASE 2. RUPTURA DE RESISTENCIAS

En la etapa inicial que ubica al proceso negociador dentro de las características generales que determinan las estrategias a utilizar, para los otros dos tiempos, está la capacidad que tenga la personalidad negociadora dc romper las resistencias de la otra parte, aun cuando, se haya logrado un buen acercamiento inicial Para romper las resistencias en un proceso negociador se requiere, según el estudio del perfil psicológico, de la capacidad para ser agresivos y sociables.

Esta segunda fase pareciera repetir el esquema del acercamiento en cuanto al tipo de ruptura de resistencias que se pueden lograr. Éstas van desde la física, como violentar el espacio corporal establecido como área de defensa; hasta la psicológica que implica la manipulación para hacer que se haga algo sin que se dé cuenta o; el establecimiento de climas emocionales favorables, hasta la ruptura sociocultural, que se ejemplariza con el cambio de elementos más profundos en el otro como son los ideológicos, morales, éticos y trascendentes. Esta es la fase más difícil del periodo inicial porque uno de los elementos más poderosos de la detección del poder, por parte de una personalidad, está en no dejarse penetrar y, menos aún, en permitir que le rompan las resistencias que se colocan como un marco de seguridad. El verdadero buen negociador rompe las resistencias dc la otra parte, de manera que el otro, no sienta daño al ser vulnerado en sus espacios y en sus esquemas básicos.

Hay negociaciones en las que no se plantean resistencias importantes por una de las partes; no obstante, debe tenerse el cuidado de no caer en los extremos del atropello, con una agresividad fuera de tono o de la superficialidad como consecuencia de la sociabilidad exagerada.

Luego de tener claridad en lo que significa el romper resistencias en el otro, especialmente para lograr una buena etapa inicial y no, para demostrarle a la otra parte cuan débil puede ser, se debe revisar la metodología y el fundamento psicológico de los elementos de agresividad y de sociabilidad.

<u>AGRESIVIDAD</u>

Si recordamos que la agresividad fue conceptualizada como la capacidad que tiene una personalidad para realizar cambios, tanto en su vida interna como en el medio que le circunda, llegamos a la certeza de que es definitiva pues, por su ausencia o exceso, puede provocar la caída o el logro de grandes negociaciones.

Podemos diferenciar tres (03) tipos de respuestas que también pueden manifestarse con la agresividad: la física, que implica violentar espacios y realidades; la psicológica, con una gama de variantes y, la sociocultural que tiene expresiones diversas, como el irrespeto a valores de la cultura de la otra parte hasta la exclusión que se le pueda hacer de algunas de sus realidades y situaciones.

<u>SOCIABILIDAD</u>

Por otra parte, sí recordamos el concepto de sociabilidad con el cual se ha trabajado, y que es la capacidad que tiene la personalidad para incrementar el número de relaciones interpersonales, podemos observar que esta capacidad contiene varios elementos que pueden ser muy importantes de revisar en la negociación y que son:

Estructura. simple, corno entre dos personalidades, o compleja que implica muchas personalidades, como es el caso de las instituciones.

Funcionalidad: este elemento conceptualiza sí la relación negociadora tiene que cumplir requisitos tan sencillos como simples conversaciones o; por el contrario, tienen que responder a una serie de comportamientos que pueden ir desde los ritos hasta otros mecanismos delicados de presencia cultural.

Legalidad : en este punto, la sociabilidad se analiza como la estructura jurídica bajo la cual se desarrolla y puede *tornarse*, en un elemento importante en determinados tipos de negociación.

Espacio: se revisa sí son negociaciones de tipo íntima, que relaciona aspectos desconocidos por otros; privadas, que les atañen a grupos o instituciones o, sí son públicas, en cuyo caso, la sociabilidad es completamente diferente.

Compromiso: La determinación del sentido de compro miso que conlleva la relación negociadora es fundamental y podría fundamentarse, en gran parte, en los roles que se juegan en cada proceso de negociación.

Consecuencias: En este punto, la sociabilidad lleva implícito el riego que supone relacionarse con poca o mucha gente en el transcurso del proceso.

Sí quisiéramos, a manera de explicación, describir dos tipos de sociabilidad extremas para que observemos las grandes diferencias que se dan entre una y otra, revisemos la sociabilidad que se genera en una negociación simple, es decir, que ocurre sólo entre dos personas, con una funcionalidad muy sencilla, sin trámites legales específicos, en un espacio íntimo, con compromisos fáciles de cumplir y sin consecuencias importantes para un tercero.

La sociabilidad que contraponemos, es la compleja, la que ocurre entre dos instituciones oficiales, de dos naciones diferentes y cuya funcionalidad es complicada, con muchos aspectos de respeto por la cultura del otro, que requiere de profundos conocimientos de legalidad y se desarrolla en un espacio notorio que mantiene gran atención, por parte de la opinión pública internacional, porque implica grandes compromisos y consecuencias en las áreas políticas y económicas de ambos países.

Peligros

Cuando a la agresividad constructiva, que permite hacer cambios necesarios, se le une una adecuada sociabilidad para enfrentar el proceso negociador, de acuerdo a su estructura y funciones, la posibilidad de romper resistencias en la otra parte, puede lograrse de manera adecuada. Pero si una de ellas, prevalece sobre la otra como, por ejemplo, si a una gran agresividad le falta la sociabilidad adecuada, el deseo de romper resistencias se puede convertir, o ser visto, como un atropello en el cual se está utili7ando la fuerza (racional, psicológica o sociocultural) para imponerse, dañando así, el objetivo de la buena negociación y trayendo consigo, graves dificultades. Por otra parte, sí la sociabilidad de la personalidad sobrepasa su capacidad de agresividad podrá, fácilmente, ser percibida como una personalidad debilitada, que hace todo lo posible con una exagerada sociabilidad para compensar la ausencia de una buena agresividad que le permita hacer los cambios necesarios.

Criterios de Falla

Tratar de romper resistencias en negociaciones que no las tienen.

No lograr romper las resistencias establecidas. Agravar las resistencias por un mal manejo de la fase.

Romper resistencias que podían enriquecer el proceso negociador.

Criterios de Logro

Se logran romper las resistencias y, en consecuencia establecer una buena comunicación entre las partes.

Mantener la presencia de unas resistencias adecuadas que enriquezcan el proceso negociador.

En resumen tenemos que:

Baja agresividad + baja sociabilidad aislamiento

Baja agresividad + alta sociabilidad objeto

Alta agresividad + baja sociabilidad peligro

Alta agresividad + alta sociabilidad popularidad

En el momento de relacionar, de acuerdo a la carga semántica, a la agresividad y la sociabilidad con la capacidad de romper resistencias, encontramos la similitud de resultados con uno u otro elemento.

Baja agresividad + baja ruptura pasividad

Baja agresividad + alta ruptura confianza

Alta agresividad + baja ruptura desconfianza

Alta agresividad + alta ruptura eficacia

Baja sociabilidad + baja ruptura pasividad

Baja sociabilidad + alta ruptura confianza

Alta sociabilidad + baja ruptura desconfianza

Alta sociabilidad + alta ruptura eficacia

FASE 3. JUSTIFICACION

La tercera fase del periodo inicial es tan importante que, sí contiene fallas, la negociación puede correr graves peligros, tanto en su realización como en sus logros.

Toda ella se puede resumir en la respuesta a una simple, pero vital pregunta: ¿para qué se realiza la negociación? Toda personalidad individual o colectiva que pueda responderla con sencillez y claridad, tiene enormes ventajas sobre toda aquella que, por el contrario, no esté en capacidad de dar explicaciones contundentes del por qué se debe realizar el proceso negociador. Al tener estas bases, el proceso se justifica por lo que, tiene mayores posibilidades de realizarse y de llegar a un buen término. Cuando esta respuesta es compleja, elaborada o no puede contestarse con claridad, seguramente habrá dificulta des para entrar en un proceso negociador con buenas perspectivas.

Cuando se profundiza el término de la justificación, se llega a relacionar todo lo que ha pasado (o dejado de pasar) hasta el presente, es decir, justificar la negociación no es más, que tener claras las razones y situaciones que se han sucedido desde el inicio hasta el momento actual. Para muchos esto se traduce en documentar toda la dinámica, para que todos los actores estén claros con cada uno de los aspectos que justifican la negociación.

Ir a una dinámica negociadora sin tener claridad interna dcl por qué y del para qué se hace, implica que los demás reciban con la mayor simpleza, los sólidos argumentos que la justifiquen, lo que significaría una pérdida de tiempo y poner en peligro los logros obtenidos en el tiempo.

MEMORIA

La memoria se conceptualizó como la capacidad que tiene una personalidad para recordar con certeza y nitidez los eventos de su propio pasado. Por lo tanto, ella luce imprescindible para poder justificar la negociación.

Cuando se revisa este instrumento psicológico que, para muchos es fundamental, se encuentran realidades que vale la pena profundizar, para poder evaluar el tipo de memoria que se requiere para una buena negociación.

El hecho que la memoria necesite el criterio de la certeza es fundamental para justificar una realidad. La memoria que responda a un pasado real, no fantaseado ni temido, es importante de recalcar. El que La historia que se exponga como causa de la negociación, sea cierta y pueda ser comprobada, genera una validez que pocas veces, puede ser pasada por alto. A esto se le une, la nitidez de los recuerdos, pues que al contar con esta propiedad se impide el manejo basándose en interpretaciones.

Peligro

Tanto el déficit de memoria como el exceso de ella, en lo que podríamos calificar como hipermemoria, traducen graves peligros que pueden convertirse en obstáculos durante el proceso negociador. El no poder sostener unos argumentos para solidificar la justificación de una negociación, es una situación que todo negociador debe evitar; pero también, mostrar una hipermemoria, detallada y repetitiva, puede terminar siendo molesta para los otros actores. Una detallada memoria expresada en forma con tundente a través de una adecuada encodificación, es lo que realmente se busca para responder el por qué sucede o por qué debe realizarse un proceso negociador.

Criterio de Fallas

La falla en esta fase es la de no poder justificar la negociación, el no poder contestar con sencillez y rapidez el por qué ocurre este proceso.

Criterio de logros

Al contrario de la anterior, el gran logro de esta fase es dejar claro ante sí, ante el grupo que se está representando, ante el otro u otros negociadores y ante la opinión especializada o publica, el por qué se está negociando. Mientras más clara y contundente sea la respuesta, mas justificado estará el proceso.

Cuando se relaciona el elemento psicológico fundamental que debe coordinar todos los demás aspectos en esta área con la justificación, encontramos cuatro (04) parámetros muy claros de cómo son las dinámicas cuando se relacionan ambos.

Baja memoria + baja justificación confusión

Baja memoria + alta justificación invento / engaño

Alta memoria + baja justificación no conviene recordar / desperdicio

Alta memoria + alta justificación justificación

FASE 4. LEGITIMACION

La cuarta y última fase de la etapa inicial de los procesos de negociación es la de legitimación, cuyo objetivo fundamental es dar las ra2ones de lo que realmente se persigue con la entrada en este proceso. Se debe hacer con los argumentos que le den legitimidad y que unan al tiempo presente con el futuro.

Hay negociaciones que aunque tengan una justificación sólida y precisa, bien comunicada y magníficamente argumentada en sus bases, encuentran serios obstáculos cuando se entiende que no hay legitimidad de h dinámica, porque sencillamente no se tiene claridad al transmitir el para qué se debe hacer.

En los resultados de las investigaciones aparece que los elementos más importantes en la legitimación son la inteligencia, por su realidad de prever las realidades y la perseverancia, es decir en la capacidad de mantener el objetivo y la misión, a pesar de las dificultades y que, por lo tanto se diferenciará de legitimaciones soberbias c; malcriadas, compulsivas, obsesivas o sanas, equilibradas y convincentes.

INTELIGENC IA

En un intento para unificar algunos de los criterios básicos con los que se puede catalogar la inteligencia, se ofreció el siguiente concepto "Capacidad que tiene una personalidad para solucionar problemas nuevos, ser feliz y para responder de manera rápida y adecuada ante las más diversas exigencias de vida".

En la revisión de la inteligencia existen algunos conceptos que son de importante análisis, porque su realidad se ha complejizado con la aparición de otras inteligencias además de la racional, como son, la inteligencia emocional (que tiene gran relación con la negociación) y una tercera inteligencia que tratamos de individualizar y que hemos llamado inteligencia instintiva. Con esta inteligencia, se intenta explicar cómo activar las respuestas más rápidas y eficaces con todo lo que le aportan a una personalidad, las otras dos.

Sí puntualizamos el producto real de cada una de estas inteligencias, en especial en su relación con la negociación, encontramos que con la inteligencia racional se idean soluciones a problemas nuevos o, nuevas soluciones a las situaciones que ya no pueden ser resueltas de manera tradicional; la emocional, para causar un buen clima (que fue estudiado en el capítulo correspondiente) y, la instintiva que va a generar rápidas y eficaces respuestas frente a nuevas situaciones.

Peligro

La ausencia de inteligencia genera, sin duda alguna, efectos negativos en la negociación a menos que, por ese déficit, se integren otros en defensa del débil.

Sí la inteligencia racional falla en conseguir las relaciones adecuadas y la emocional no logra establecer las mejores relaciones con los demás actores que intervienen en el proceso, entonces, se depende únicamente de la inteligencia instintiva que, de fallar también, puede provocar un desastre al elaborar respuestas que vayan en contra dc lo que debe hacerse. Un exceso de inteligencia frente a otro, que no cuente con los niveles de respuesta rápida e inteligente, generará la activación de solidaridad y ayuda por parte de terceros que se podían haber mantenido fuera.

Criterios de falla

Cuando no se puede contestar en forma sencilla y contundente el para qué se produce la negociación.

Criterios dc logro

Cuando se puede responder en forma sencilla y contundentemente el para qué se realiza o debe realizarse la dinámica negociadora.

PERSEVERANCIA

El grado de perseverancia que tiene una determina persona se conceptualizó como: la capacidad de una personalidad para mantener un objetivo y una misión, a pesar de todas las dificultades que tenga para su obtención Se plantean cuatro (04) tipos de perseverancia según la claridad de los objetivos que son puntuales, circunstanciales y cambiantes y de la misión, considerada ésta como más estable, permanente y profunda.

Perseverancia Soberbia

Se mantiene el objetivo y la misión a lograr a pesar de no saber cuáles son.

Perseverancia Compulsiva

Se tiene claridad sobre los objetivos a lograr pero, se desconoce la misión trascendente que se pretende cumplir. Es lo que llamamos "tozudez".

Perseverancia Obsesiva.

Sucede lo contrario a lo anterior, es decir, se tiene claridad en la misión a lograr, pero no se conocen los objetivos. Va acompañada de una gran carga de angustia.

Perseverancia tesonera.

Hay claridad, tanto en los objetivos como en la misión a lograr, con la persistencia del esfuerzo. Es la que se considera como una virtud.

En este sentido y tomando en cuenta esta sencilla clasificación de la perseverancia, tenemos que la legitimación a lograr en todo proceso negociador, se consigue trabajando con un negociador de perseverancia tesonera, por lo que es preferible evitar todas las demás.

Peligro

Ir a un proceso negociador con una ausencia importante de perseverancia o; hacerlo con una perseverancia que tenga poca claridad en sus objetivos o en su misión, es ir con minusvalía para el logro. Así también, ir con exceso de perseverancia puede provocar resultados incompatibles con el efecto deseado.

Criterios de falla

Cuando no se puede explicar la respuesta del para qué se hace la negociación, el déficit de legitimación es grave, tanto, que puede poner en peligro todo el proceso y esto puede provenir de una perseverancia inadecuada que ocasionará altos costos para quienes están cercanos.

En muchos casos, un criterio de falla serio, es hacer tan compleja la legitimación de la negociación que se pueda malinterpretar por una parte o racionalizar demasiado generando aburrimiento o acciones en contra.

Criterios de logro

Cuando a través de la presencia de una perseverancia tesonera, se puede explicar en forma clara y concisa sobre el para qué se debe realizar la dinámica negociadora.

Se tiene el mayor criterio de logro, cuando tanto uno mismo como la otra parte y, en las negociaciones más amplias, la opinión especializada o la pública, tienen gran claridad de la importancia del proceso para la obtención de una determinada realidad en positivo para todos.

En el análisis general de esta fase encontramos que la alta inteligencia con una falla en la perseverancia que podría ser también de tipo cualitativo, genera un mensaje de desperdicio mientras que, una alta perseverancia -con todas las posibilidades que se explicaron en el análisis- con una baja inteligencia, propone un peligroso mensaje por no tener claridad acerca de la importancia y objetivos de la negociación, lo que va en amplia oposición con los objetivos fundamentales de esta fase.

Baja inteligencia + baja perseverancia fracaso

Baja inteligencia + alta perseverancia tozudez

Alta inteligencia + baja perseverancia superficial

Alta inteligencia + alta perseverancia logro

El estudio de las diferentes relaciones entre dos (02) elementos que surgen como principales para legitimar una negociación, se completa con las relaciones semánticas que aparecen cuando se relacionan con una baja o alta legitimación, dando origen a diferentes resultados que bien vale h pena individualizar para prevenir los inconvenientes y reforzar los convenientes.

Baja inteligencia + baja legitimación anonimato

Baja inteligencia + alta legitimación fuerza del débil

Alta inteligencia + baja legitimación rebeldía / mentira

Alta inteligencia + alta legitimación solidez

Baja perseverancia + baja legitimación confusión / estar perdido

Baja perseverancia + alta legitimación ser protegido

Alta perseverancia + baja legitimación inutilidad de esfuerzos hechos

Alta perseverancia + alta legitimación prestigio

PERFIL PSICOLÓGICO DEI A TIEMPO INICIAL

De acuerdo con esta visión y metodología, el tiempo de inicio de una negociación posee una relación casi directa, en su importancia, con los siguientes siete (07) elementos o factores psicológicos, que colocados en orden alfabético son:

AGRESIVIDAD

ATRACTIVO

INTELIGENCIA

MEMORIA

PERSEVERANCIA

SIMPATIA

SO CIABILIDAD

Estos elementos permiten hacer dos tipos de análisis en el primer tiempo de negociación y ayudarán a guiamos en la investigación y manejo de las negociaciones desde los puntos de vista de la imagen y el poder.

Análisis cuantitativo

Con valores menores de 3.49 como promedio de la Imagen psicológica, probablemente usted tenga problemas para estar en la parte inicial de una negociación.

Sí posee valores entre 3.50 y 4.99, probablemente esta capacidad se encuentra en crisis y es un buen momento para revisar sí realmente es conveniente su participación en la fase inicial de una negociación.

Sí tiene valores entre 6.00 y 8.49, su capacidad para estar en la parte inicial de una negociación es muy adecuada y buena.

Con valores mayores de 8.50, usted debería revisar nuevamente los valores que se dio en cada una de estas siete características. Sí los resultados vuelven a ser tan altos, usted tiene características extraordinarias para llevar con éxito esta fase.

En todo caso y como medida de aseguramiento, es conveniente calcular su puntuación promedio para estos siete elementos de la personalidad.

Análisis cualitativo

Considerando los siete elementos descritos como componentes requeridos en el Tiempo Inicial, tome los dos elementos que tenga con mayor puntuación y los dos que, por el contrario, tenga con menor valor, siempre y cuando estos últimos se encuentren por debajo de la puntuación dc 5.99.

El cuadro que sigue muestra las relaciones positivas entre estos elementos y la actitud básica que generan en el negociador:

Alta agresividad + alto atractivo   mando

+ alta inteligencia   conquista

+ alta memoria   logros

+ alta perseverancia   logros

+ alta simpatía   liderazgo

+ alta sociabilidad   liderazgo

Alto atractivo   + alta inteligencia   manejo

+ alta memoria   manejo

+ alta perseverancia   logros

+ alta simpatía   magnetismo

+ alta sociabilidad   influencia

Alta inteligencia   + alta memoria   efectividad

+ alta perseverancia   logros

+ alta simpatiza   manejo

+ alta sociabilidad   influencia

Alta memoria   + alta perseverancia   efectividad

+ alta simpatía   detallismo

+ alta sociabilidad   manejo

Alta perseverancia +   alta simpatía   logros

+ alta sociabilidad   manejo

Alta simpatía   + alta sociabilidad   deseo

Las actitudes señaladas, que surgen de la combinación de estos elementos, definen las siguientes características para el acercamiento en el tiempo inicial de la negociación:

CONQUISTA   abre nuevos espacios

DESEO   es bienvenida por el placer que genera

DETALLISMO   es individualizadora y bienvenida

EFECTIVIDAD   tiene buenos resultados

INFLUENCIA   ejerce poder con su presencia

LIDERAZGO   logra que otros hagan lo que quiere

LOGROS   obtiene metas prefijadas

MAGNETISMO   ejerce influencia inconsciente sobre otros

MANDO   ejerce poder de manera consciente

MANEJO   ejerce poder de manera inconsciente

Las cargas negativas, por el contrario, generan las siguientes expresiones semánticas que, al igual que la lista anterior, tan sólo quiere producir reflexiones sobre las desventajas que podrían tener las distintas combinaciones de los elementos discutidos, para esta etapa de la negociación.

Baja agresividad   + bajo atractivo   indiferencia

+ baja inteligencia   indefensión

+ baja memoria   inofensividad

+ baja perseverancia   inofensividad

+ baja simpatía   rechazo

± baja sociabilidad   indiferencia

Bajo atractivo   + baja inteligencia   indiferencia

+ baja memoria   indefensión

+ baja perseverancia   inofensividad

+ baja simpatía   rechazo

+ baja sociabilidad   aislamiento

Baja inteligencia   + baja memoria   indefensión

+ baja perseverancia   inofensividad

+ baja simpatía   rechazo

+ baja sociabilidad   rechazo

Baja memoria   + baja perseverancia   inofensividad

+ baja simpatía   desagrado

+ baja sociabilidad   aislamiento

Baja perseverancia   + baja simpatía   rechazo

+ baja sociabilidad   desagrado

Baja simpatía   + baja sociabilidad   aislamiento

Los graves peligros que genera tener valores bajos en estas mezclas durante la etapa de inicio de una negociación se puede sintetizar en las siguientes:

AISLAMIENTO   se queda sin contactos importantes

DESAGRADO   genera respuestas negativas en los otros

INDEFENSION   es evaluada sin ningún tipo de poder

INDIFERENCIA   no es tomada en cuenta por los otros

RECHAZO   genera acciones negativas en su contra

Las emociones, como ya hemos señalado, también entran en juego en esta fase. Así, tenemos que:

La Alegría nos apoya en una actitud de bienvenida a lo dialógico, a lo diferente

La Ira nos da la motivación para superar las frustraciones

La Tristeza nos mueve a la reflexión sobre la realidad

El Miedo nos pone en contacto con el riesgo de perder más de lo necesario

El Tiempo Medio de la Negociación

Se constituye con la presencia de cinco fases que involucran de manera directa, a diez elementos de la Imagen Psicológica de los que nos han servido para realizar este estudio y que, en forma conjunta, tienen como finalidad, establecer el cuerpo medular de las realidades que se enfrentan cada una, para lograr lo que necesitan o desean, tratando de respetar las reglas básicas de la convivencia y que variarán de acuerdo a los diversos factores que caracterizan cada uno de los escenarios de acción.

La descripción que se hace se corresponde, por supuesto, a una negociación ideal, que surge con todas las ventajas por parte de los actores y las partes involucradas y que, por lo tanto, va a tener variables que siempre habrá que considerar para adaptarlas a cada negociación en particular.

FASE 5. DIÁLOGO

Esta fase es quizás una de las que peor es evaluada dentro de las negociaciones, por muchos factores, pero, en especial, por las inadecuadas interpretaciones que se hacen de la realidad comunicacional que tan bien describe el autor Robert Apatow en su libro *El Arte del Diálogo* y del cual tomamos algunas de los elementos que consideramos imprescindibles para lograr cumplir con esta fase que, al sólo realizarse, ya significa un crecimiento integral para todos los que intervienen en su dinámica.

El diálogo, si hacemos un resumen de sus principales características, es una acción ejecutada entre dos o más actores que se debe efectuar con la mayor igualdad de condiciones posibles, tomando esto, como un compromiso consciente en el cual, el objetivo no es ganarle al otro, sino obtener el máximo de verdad posible, en un tema específico. Asimismo, debe fundamentarse en la amistad, entendida como una relación comprometida, en la que se respete "el logos", la palabra dada. Con todos estos atributos se puede pensar que es realmente difícil que las partes la acepten dentro de los procesos de negociación, pero la esperanza de hacerlo está en la capacidad que tenga el tercero o uno de los actores, de poner en juego la psicología de la interdependencia.

Para que este diálogo se pueda realizar con la cantidad de beneficios que puede aportar, se requieren dos (02) de los instrumentos psicológicos que describimos a continuación y que son la *adaptabilidad* y la *autoestima*.

ADAPTABILIDAD

En La exploración inicial que propusimos, la adaptabilidad, la conceptualizamos como la capacidad que tiene una personalidad para lograr un buen equilibrio en situaciones novedosas. Con este acercamiento intelectual, se logra dar prioridad a dos (2) requisitos fundamentales que diferencian a este instrumento de otros, que pueden ser parecidos, primero está el logro de un buen equilibrio y, segundo, el tratar con una situación novedosa. Por ello, para nosotros, adaptabilidad no es obtener equilibrios defectuosos ni hacerlo en situaciones de rutina, en los que no existan cambios. La obtención de un equilibrio lleno de fallas, no logra el objetivo real de este instrumento, así como tampoco lo hace, el cambio en la rutina pues k adaptabilidad se relaciona más con la creatividad, la ruptura de paradigmas o de criterios.

Este es un instrumento psicológico tan interesante que vale la pena describir un poco. Lo primero es decir que se dan dos tipos de adaptabilidad. La primera es la interna, la que ocurre en el propio sistema personal, y la segunda, es la adaptabilidad que hay que realizar con el mundo. Si observamos la vida de cualquier persona, la adaptación interna sería la capacidad que se tenga para lograr buenos equilibrios dentro de sí y la externa, la capacidad que se tenga para adaptarse al mundo. Esto genera cuatro (4) posibilidades que van desde, el inadaptado (no se adapta nunca a sus cambios ni a los que se producen fuera) hasta el completamente adaptado (se adapta muy bien tanto a los cambios de su vida, como a los de su entorno), ubicándose entre ellos, al sacrificado que se adapta a los cambios del mundo sin adaptarse a los propios y el egoísta que se adapta a sus cambios y necesidades sin que se adapte al del mundo externo, cuyas exigencias no le son realmente importantes. Esto es básico para poder enfrentar, con éxito, esta fase de la negociación, pues se deben realizar cambios internos y externos para lograr la aceptación de las posiciones de los otros, y que no se cierren los espacios para una comunicación especializada como es la del diálogo.

Los procesos de búsqueda y encuentro de la verdad que se proponen durante la fase del diálogo, no pueden desarrollarse con actores que sean sacrificados (que buscan el equilibrio externo), ni con los egoístas (que buscan tan sólo la satisfacción de su propio equilibrio) y, menos aún, con los inadaptados que son permanentemente, fuente de problemas. Para estar al lado de otros, buscando y encontrando verdades, hay que mostrar una adaptabilidad integral, tanto dentro, como fuera de sí.

Peligro

Una personalidad que carezca de los niveles mínimos de adaptabilidad, se puede evaluar como incapacitada para realizar el dialogo tal como se ha descrito, pues éste se trastoca sí lo enfrenta como un inadaptado, ya sea de una forma sacrificada o con un patrón egoísta. Por ello es que, la única manera de neutralizar estos peligros, está en la presencia de personalidades, que con una evolución psicosocial representada en la interdependencia, pueda generar con su *autoriítas*, el ejemplo necesario, para que la actuación se inicie en la forma correcta y se evite transformar los espacios del diálogo, en espacios de nuevas confrontaciones.

Criterios de falla

Los criterios de falla están metodológicamente muy claros pues, al no cumplirse los requerimientos mínimos de un dilogo se pueden detectar fácilmente las fallas que se presentan, para trabajar en ellas y superarlas sí éstas son susceptibles al cambio.

No buscar la verdad sino imponer la propia, trabajar varios puntos al mismo tiempo y no respetar la palabra empeñada, son evidentes criterios de falla que pueden alterar todo el proceso negociador.

Criterios dc logro

Asimismo, es válido apreciar Lo contrario como logros, ya que, ir en busca de la verdad acerca de un tema específico, pata encontrarla, así como también, el respeto por la palabra empeñada, constituyen elementos que nos sirven para evaluar, positivamente, esta fase

AUTO ESTIMA

El concepto que utilizamos, califica a la autoestima como, la capacidad que tiene una personalidad para mostrar conductualmente, a través de acciones concretas, la valoración y el amor que siente por sí misma, fue objeto de un análisis más profundo como segundo paso, del esquema básico de negociación que proponemos y, que relacionamos con el producto de la generación de atractivo a través de la dignidad.

A pesar dc estos análisis que ya se han realizado, se quiere enfatizar la autoestima como uno de los elementos básicos que entran en la difícil fase del diálogo que inicia la etapa medular del tiempo medio en las negociaciones. Sí analizamos el concepto, tenemos que la autoestima es la demostración conductual que se da una personalidad a sí misma, a través del respeto de quien es y que, por lo tanto, tiene un origen emocional que nace del autoconocimiento. Esto nos permite asegurar, que a pesar de que lo declare verbalmente, no es real una autoestima en alguien que no se auto conozca profundamente, así como tampoco lo es, la de alguien que se irrespeta a sí mismo, ejecutando acciones de auto daño (fumar, beber en exceso, drogarse, ejercer violencia injustificada).

Esto es fundamental para comprender la razón por la cual, nuestro grupo de investigadores ubicó a la autoestima dentro de los dos elementos fundamentales para el dialogo ya que es difícil pensar que alguien pueda entrar en la búsqueda de una verdad cuando no ha podido o; no ha querido enfrentarse a sus propias realidades como personalidad.

En este sentido podemos hablar de vatios tipos de autoestima que surgen del análisis conceptual:

Autoestima verbal

Se dice que hay un gran respeto por sí mismo aunque emocionalmente y conductualmente, se encuentren manifestaciones que dicen lo contrario tal como sería, generarse un pésimo clima emocional y ejecutar acciones auto destructivas o irrespetuosas consigo mismo. Este tipo de autoestima se encuentra en personalidades resentidas que han tenido procesos importantes en el desarrollo de la autoconfianza.

Autoestima emocional

Se muestra la génesis y el mantenimiento de un adecuado clima emocional para vivir la propia vida, pero no hay claras expresiones verbales del afecto a sí mismo y se observan acciones auto destructivas o irrespetuosas consigo mismo. Esta autoestima se encuentra en personas que tratan de imponerse una buena vida, sin realmente revisarse en forma profunda y sin conocer sus potencialidades.

Autoestima conductual

Se muestra el respeto hacia sí mismo a través de una serie de acciones muy concretas como el cuido de la propia salud y del cuerpo y del alma, pero emocionalmente, no se generan un buen clima; así como tampoco, declaraciones verbales del gran amor que sienten por sí.

Esta autoestima la hemos encontrado en personas y grupos que no han hallado el elemento emocional, que, por malos aprendizajes o por el miedo que le genera el futuro, no lo doten, emocionalmente, para una nueva forma de vivir sus vidas. Tienen buena autoestima y no lo saben por lo tanto, no la expresan en forma adecuada.

El requisito para tener y disfrutar de una buena auto-estima, de acuerdo a estos tres parámetros esté en conocerse profundamente a sí mismo, establecerse dentro de un buen clima emocional (el amor con sus expresiones de reflexión en [a tristeza, de construcción en la ira, de organización en el miedo y de celebración en la alegría) y, finalmente, demostrar con las propias acciones toda la valoración que tienen por sí mismos.

En consecuencia de lo anterior hay que darse cuenta de lo que significa para un negociador, demostrar un buen auto estima a través de lo que siente, de lo que sabe de sí mismo y de lo que hace para respetarse y amarse.

Peligro

La ausencia de autoestima, aparte de todo lo que genera en todas las situaciones de la vida de una personalidad, hace que el diálogo se haga realmente imposible de lograr en su verdadera esencia, pues la otra parte captará, sí ésta no es una personalidad interdependiente, estas fallas, y las usará para obtener el mejor provecho. Aquí también encontramos reflejados los peligros de las fallas de la autoestima verbal compensada sobre la base de pura autoconfianza, de la autoestima emocional que no tiene fundamento de revisión y, de la autoestima conductual que pareciera contradictoria aunque vaya acompañada de un buen nivel de manifestación emocional.

Criterios de falla

Cuando no se produce el diálogo o tiene tantas fallas en su ejecución que se transforman en una negativa en la dinámica, hay que evaluar sí los diferentes actores no poseen la autoestima suficiente para generarlo, mantenerlo y optimizarlo. La autoestima que es solo declarativa (que se fundamenta en la autoconfianza), o la que busca expresarse tan sólo con demostración de un clima emocional adecuado, o que se expresa tan sólo, con un manifiesto cuidad personal, puede confundirse con egoísmo o egocentrismo.

Criterios de logro

Llegar a establecer un diálogo efectivo que va a nutrir el resto de las fases y el resultado final, pues los actores, con una buena autoestima, se dedican a lograr cada objetivo del diálogo, sin caer en las tentaciones de hacer de ellos una confrontación de poder.

El análisis semántico de la relación entre adaptabilidad y autoestima, genera el siguiente resultado:

Baja adaptabilidad + baja autoestima   insatisfacción

Baja adaptabilidad + alta autoestima   soberbia

Alta adaptabilidad + baja autoestima   sumisión

Alta adaptabilidad + alta autoestima   satisfacción

Para tener mayor precisión en este análisis del diálogo, se puede relacionar cada uno dc los dos elementos que lo integran, para notar qué sucede cuando el elemento se muestra en toda su potencialidad o cuando, por el contrario, tiene una falla importante. Esto es lo que se encuentra en la siguiente tabla de relaciones semánticas.

Baja adaptabilidad + bajo diálogo   imposición

Baja adaptabilidad + alto diálogo   insatisfacción Angustia

Alta adaptabilidad + bajo diálogo   dependencia

Alta adaptabilidad + alto diálogo   busca la verdad

Baja adaptabilidad + bajo diálogo   angustia

Baja adaptabilidad + alto diálogo   búsqueda

Alta adaptabilidad + bajo diálogo   autosuficiencia

Alta adaptabilidad + alto diálogo   convivencia

Esta fase es tan importante, que en la descripción de la imagen moral que adoptamos de los escritos de Adela Cortina, se habla de una moral dialógica, que se fundamenta en las capacidades y pericias que tengamos los seres humanos y nuestras instituciones, en lograr establecer este tipo de comunicación altamente sistematizada.

FASE 6. DEBATE

La segunda parte de este tiempo constituye, para algunos, la fase más álgida, pues es el momento en que se genera la confrontación y el intercambio de los argumentos, y se dan las demostraciones de poder, en la que, si no existe el nivel adecuado de diálogo, puede perturbarse el proceso, hasta el punto, de clausurar toda la negociación. Por lo tanto, el debate es un punto fundamental que debe enfrentarse con una preparación profesional y humana, que permita establecer un punto básico en todas las escuelas dc negociación del mundo y que expresa, la necesidad de separar los problemas de las personas, de lo que se negocia. Esto, puede hacerse, en la medida en que se cubran, con idoneidad, los requisitos de un negociador con *autoconfianza* en sí y que, además, posea un excelente *auto control.*

Esta fase es completamente diferente a la del diálogo, ya que aquí, si se tienen que poner en juego toda una serie de elementos del convencimiento y de las claras estrategias del poder, que lleven a ganar un determinado punto de vista o realidad. El impacto de la imagen, el manejo adecuado de los lenguajes, de las estrategias y, en especial, de la retórica, son puntos que el negociador en esta fase del segundo tiempo tiene que manejar en forma adecuada. Por ello, el debate está fundamentado y coordinado por dos (2) elementos psicológicos de una complejidad evidente.

AUTO CONFIANZA

Partimos de que este instrumento es la capacidad que tiene una personalidad para creer en lo que sabe y en tener pericia de lo que hace, y traduce en la educación teórica y práctica, requerida para abordar una determinada realidad. En otras palabras, la autoconfianza explica la preparación teórica y práctica, sistematizada o no, acerca del manejo dc un determinado sistema y que, por lo tanto, se refleja tanto en lo racional como en lo conductual, en la seguridad de saber lo que se hace y de hacer lo que se sabe. Sc debe agregar que la educación y la formación, también son valores que pueden afianzar la autoconfianza., pero vinculándola con la parte emocional de la autoestima.

Como lo expresamos en el análisis del diálogo, para el que se necesita de una adecuada autoestima, la autoconfianza puede en muchos casos- confundirse con la autoestima, en especial, cuando la personalidad tiene un buen fundamento teórico y práctico para el manejo adecuado de una determinada realidad. Esta, es una confusión que puede resultar grave en las dinámicas de negociación pues puede constituirse en la imposibilidad dc llegar a un diu1ogo fructífero, y con ello, tener mayores costos en el proceso.

Peligro

La autoconfianza, como muchos otros dc los elementos psicológicos que se revisan, tiene toda una gama de grados cuantitativos y cualitativos que, pudiendo ser favorables en determinados procesos dc negociación, pueden ser totalmente inconvenientes en otros. El déficit de este elemento, genera una predisposición a que la otra parte gane más de lo que tenía previsto. La demostración de un exceso de autoconfianza, que puede considerarse como *prepotencia*, puede voltear a toda la opinión, especializada como pública, en contra de quien la utiliza para amedrentar a la otra parte o, incluso, a los moderadores ya sea que se traten dc mediadores o árbitros.

Así como hay que cuidarse del peligro de mostrarse como negociadores prepotentes y superiores, también debe existir el cuidado de mostrarse inseguros, con una autoconfianza disminuida.

Criterios de falla

La autoconfianza falla cuando, por exceso (prepotencia) o por defecto (inseguridad) no permite establecer un adecuado debate en esta etapa de la negociación.

Criterios de logro

Cuando se logra establecer un adecuado debate en el cual, aparte de conseguir la cuota de ganancias que se consideran mínimas, se haya logrado mantener el respeto necesario hacia cada uno de los actores que han intervenido.

AUTOCONTROL

Para muchas personas, esta característica es una de las fundamentales para ser un buen negociador, más cuando se conceptualiza como, la capacidad que tiene una personalidad para modificar una respuesta específica, en una realidad determinada, a través de simular, disimular, exagerar, minimizar o; transformar esa realidad.

El negociador y, en especial en esta fase, debe saber manejar y detectar, todas las variantes del autocontrol, lo que puede interpretarse desde la hipocresía, hasta el manejo adecuado de la educación y de la creación del bienestar hacia la otra parte.

Hagamos un pequeño resumen de lo que es cada una de las variantes del autocontrol y que va más allí de su visualización como capacidad para poder reprimir una determinada respuesta.

Simular: Capacidad para generar una realidad o una respuesta que no existe.

Disimular: Capacidad para ocultar una realidad o una respuesta que existe.

Exagerar: Capacidad pata incrementar la expresión de una realidad o respuesta que existe.

Minimizar: Capacidad para disminuir la expresión de una realidad o respuesta que existe.

Transformar: Capacidad para cambiar una realidad o respuesta que existe.

Con esto en mente, podemos llevar la capacidad del negociador más allá dc la hipocresía, de la mentira, de la manipulación y del engaño para trabajarlo como un instrumento que va, desde la cautela hasta las normas más elementales, idóneas y éticas de una actividad o profesión y de la educación.

Peligro

Como en todos los elementos que conforman el esquema de investigación y enfrentamiento psicológico, los extremos negativos y positivos pueden resultar altamente peligrosos ya que tiene la capacidad de revertir una dinámica, en la que existían posibilidades de logros y éxitos. Un déficit de autocontrol puede estar señalado grandes fallas de seguridad o un extraordinario poder que puede causar malestar en muchos escenarios, así como también, el exceso de autocontrol puede mostrarnos un ser que manipula o que está demasiado cohibido para poder actuar.

Un predominio dc la autoconfianza sobre e autocontrol establece una realidad de atropello que siempre hay que cuidar en topo proceso negociador. Cuando sucede lo contrario, que la autoconfianza sea menor al autocontrol, se transmite la imagen de alguien inseguro, que por no tener la idoneidad necesaria para actuar convenientemente, se auto controla en demasía, pudiendo generar todo tipo de respuestas.

Baja autoconfianza + bajo autocontrol   temeridad

Baja autoconfianza + alto autocontrol   represión

Alta autoconfianza + bajo autocontrol   prepotencia

Alta autoconfianza + alto autocontrol   idoneidad

Criterios de Falla

La falla en el autocontrol se evidencia cuando alguna de las partes dentro de la negociación, pierde su capacidad dc soportar algunas realidades muy fuertes, que no le permiten hacer o seguir haciendo simulaciones, disimulaciones, exageraciones, disminuciones o transformaciones de las respuestas.

Una falla que muchos expresan como virtud, se puede transformar en el principal impedimento para que alguien se convierta en negociador, específicamente para cubrir esta etapa del debate, porque esto sería prolongar el conflicto o agravarlo, en plena dinámica dc negociación, a no ser que se utilice como un instrumento riesgoso para imponerse sobre los demás.

Criterios de logro

Cuando la calidad del debate se funda en el manejo adecuado del autocontrol y la autoconfianza mutuas se puede considerar como un gran logro.

Cuando, estos dos elementos se relacionan con la capacidad de establecer un buen debate (por cantidad o por calidad) se logran una serie de relaciones que ayudan a comprender mejor su importancia en esta fase que, repetimos, para muchos, es uno de los más importantes de toda la dinámica negociadora.

El análisis semántico de estos elementos arroja el siguiente resultado:

Bajo autocontrol + bajo debate   inhibición

Bajo autocontrol + alto debate   riesgo

Alto autocontrol + bajo debate   estrategia

Alto autocontrol + alto debate   efectividad

Baja autoconfianza + bajo debate   inhibición

Baja autoconfianza + alto debate   aventura

Alta autoconfianza + bajo debate   cautela

Alta autoconfianza + alto debate   efectividad

La seguridad, la buena educación, el entrenamiento práctico, el uso adecuado de todas las imágenes que se han revisado en el libro y la capacidad para modificar respuestas iniciales, traducen los más importantes requisitos para lograr un buen debate. Esto es lo mismo que sucede, por ejemplo, en los juicios orales y públicos, en 'os que tanto el abogado defensor, como el fiscal, deben manejar estos instrumentos psicológicos con gran destreza.

FASE 7. CREAR ALTERNATIVAS

Esta fase del tiempo medio de b negociación, se refiere a la capacidad de revisar la situación continuamente, para crear nuevos planteamientos a fines de resolver, los puntos críticos de la realidad que ya se han enfrentado.

Al conceptualizar esta fase, tenemos que contemplar la capacidad de la personalidad negociadora para ir encontrando posibles realidades de solución, en los diferentes pasos de la dinámica.

La estrategia básica que recomendamos es la generación de zonas de ambigüedad, romper los sí y los no categóricos, para estimular, nuevas salidas creativas a las situaciones, cuidándose de no generar zonas de incertidumbre, que pueden romper con toda la dinámica. Para ello, es importante que revisar nuevamente la sección en la que se trabajan estos conceptos.

Se enfrenta a dos elementos que pueden aclarar muchas realidades y facilitar el alcance del objetivo, para llegar a una buena negociación. Ellos son la madurez con toda su complejidad de abordaje y la sensibilidad.

MADUREZ

La conceptualización de este instrumento de vida, se hace de acuerdo a la capacidad que tiene una personalidad para reaccionar en forma adecuada (con dignidad), ante los reveses o fracasos y, ante los éxitos y triunfos (con humildad) y que, como consecuencia de ella, va a generar que se mantengan y se incrementen, los buenos resultados, mostrando un profundo respeto por la otra parte.

Sí re1acionams las dos variables (dignidad y humildad) de la madurez, podemos describir cuatro (4) perfiles clásicos para enfocar la ausencia o presencia de madurez, en una personalidad.

Sí tenemos a alguien que no reacciona adecuadamente, mostrando una gran pérdida de dignidad, frente a los fracasos que ha tenido y, de la misma forma, se comporta de manera prepotente ante sus logros y éxitos, podemos describir su evidente inmadurez.

En el segundo caso, tenemos a alguien que no sabe fallar o fracasar pues, se debilita perdiendo la dignidad pero en caso de logros, actúa en forma conveniente. En este caso esta media madurez nos va a describir a alguien que está preparado para triunfar.

La tercera personalidad es la contraria a la anterior y que, por lo tanto, sabe fracasar pero no muestra una capacidad para triunfar de manera adecuada, humillando al perdedor y valiéndose de su condición de manera incorrecta.

Por último, tenemos que revisar lo que se considera, en este esquema, la verdadera madurez que está en aquel que actúa en forma adecuada ante sus fallas y sus aciertos.

Peligros

Tanto la inmadurez como la madurez excesiva, así como la "media madurez", implican una serie de riesgos que siempre hay que revisar cuando una negociación se encuentra en el tiempo medio. La debilidad de una de las partes, ante diferentes escollos, así como la prepotencia frente a la ganancia, puede colocar obstáculos importantes en el proceso.

Criterios de falla

La relación que existe entre la inmadurez parcial o total y, la incapacidad para comenzar a crear alternativas es evidente, en el sentido de que en su ausencia no se puede pensar en nuevas soluciones pues, ni la debilidad ni la prepotencia son buenas consejeras.

Cada vez que una negociación se encuentra estancada hay que revisar esta fase y en especial sí hay demostraciones de mucha debilidad o de gran prepotencia en las partes que puedan crear círculos de retroalimentación negativa. Lo que hemos catalogado como "media madurez" es otro de los elementos que dañan de manera evidente, los tiempos medios y el resultado final esperado en una negociación.

Criterios de logro

Cuando una determinada realidad negociadora avanza bien con soluciones creativas, debemos suponer un adecuado nivel de madurez de los actores que intervienen, porque cuando alguien conduce sus dinámicas con estos criterios, puede repercutir positivamente en las actitudes ajenas.

SENSIBILIDAD

El Segundo factor que entra a jugar un papel preponderante en la creación de alternativas de solución, se conceptualiza como la capacidad que tiene una personalidad para captar con certeza y nitidez, los diferentes estímulos del medio ambiente a través de los sentidos y que, por lo tanto, va a permitir que el negociador se ubique en la verdadera realidad, en la que está inmerso durante el proceso que vive como actor fundamental.

Con este instrumento, se perciben las primeras alternativas que están surgiendo, de acuerdo a lo que le reportan sus sentidos, los cuales se amplifican con la información pertinente de una buena "inteligencia", para que pueda ubicarse en el escenario real en que se encuentra, para desde allí, tomar las mejores decisiones.

La ubicación en el escenario que se logra con el uso de una buena sensibilidad, permite catalogar este escenario como, de grandes amenazas, o neutro, o que sigue una dinámica pre establecida y, por lo tanto predecible o; un escenario que propone grandes oportunidades y que se cataloga, en consecuencia como optimista. Luego de esta visión de ubicación primada, se puede definir sí este escenario es estable o inestable. La

generación de alternativas es completamente diferente, de acuerdo a como h
sensibilidad, permita percibir las condiciones del escenario de la negociación.

Peligros

Las negociaciones pueden fracasar, a pesar de haber comenzado de manera
conveniente, si existe una falla en la sensibilidad del negociador, por no "captar" la
realidad del escenario en el que se está negociando. En este caso se puede generar un
peligro de no-recuperación, pues el negociador puede comenzar a transitar en una
llamada "desesperanza aprendida" en la que con cada acción, va profundizando su
derrota y todo por su incapacidad de percibir adecuadamente el escenario en el cual está
actuando.

Criterios de falla

La insensibilidad —considerada como la incapacidad para captar la realidad del
escenario que se vive- puede llevar a no poder generar las posibles soluciones o vías de
enfrentamiento para una determinada realidad que está siendo negociada.

También, el otro extremo, lo que llamaremos una "hipersensibilidad", puede generar
problemas graves al tomar en cuenta detalles que terminan por ser intrascendentes y que,
por lo tanto, afectan la capacidad de jerarquizaron.

Sí no se avanza en el tiempo medio, se debe revisar cómo está funcionando la
sensibilidad de los diversos actores, porque en ese aspecto, puede estar el origen de
muchos obstáculos e inconvenientes, que se han convertido en factores de retardo y falla.

Criterios de logro

Cuando la personalidad se ubica claramente en el escenario en el cual se está
produciendo la negociación, obtiene el poder de captar las nuevas formas de
enfrentamiento y solución, que pueden estar surgiendo del medio ambiente.

Cuando se valoran los elementos analizados en esta fase de crear alternativas como lo son, la madurez y la sensibilidad, en sus constantes interacciones, tenemos:

Baja madurez + baja sensibilidad   soberbia

Baja madurez + alta sensibilidad   hiper reacción

Alta madurez + baja sensibilidad   convicción

Alta madurez + alta sensibilidad   solución

Estas realidades se van definiendo mejor, cuando cada uno de estos elementos se unen a la ausencia o presencia de la productividad, evaluada ésta, como la creación de alternativas válidas para el enfrentamiento y la solución adecuada a procesos negociadores,

Baja madurez + baja alternativa   improductividad

Baja madurez + alta alternativa   genialidad

Alta madurez + baja alternativa   impedimentos

Alta madurez + alta alternativa   solución

Baja sensibilidad + baja alternativa   improductividad

Baja sensibilidad + alta alternativa   suerte / estrategia.

Alta sensibilidad + baja alternativa   defensividad

Alta sensibilidad + alta alternativa   genialidad

CREAR ESTADOS DE AMBIGÜEDAD

Uno de los puntos más llamativos de este enfoque psicológico está, sin la menor duda, en la capacidad que tenga una personalidad para crear alternativas de solución, en situaciones negociadoras que lucen estancadas. Con la metodología —polémica y grave- de generar zonas de ambigüedad, podemos diseñar nuevos esquemas y nuevas soluciones a los problemas planteados.

Cuando se genera una zona de ambigüedad, se puede recurrir a ella, a través de dos grandes procesos que van a significar la diferencia ética con la que se enfrentan y juzgan estas acciones y que son: su creación, por mecanismos destructivos o por mecanismos deconstructivos.

El primer método, el de la destrucción de las realidades anteriores, significa dejar sin piso de acción a los negociadores de la otra parte, para luego imponer el criterio que se quiera. Los mejores resultados se logran en la medida en que se utilice la inteligencia, la imagen, la retórica o la manipulación. Esto implica el establecimiento de una relación de poder, que puede terminar siendo éticamente cuestionables para muchos.

El segundo método, el de la deconstrucción, traduce por el contrario, la generación de una zona de ambigüedad que resulta de un proceso sistemático de desmontaje de la realidad en sus diferentes fundamentos. Se actúa creando, junto con las partes afectadas, una nueva realidad que surge con los mismos elementos, pero con otros fundamentos, colocados de manera novedosa, creativa y eficaz para nuevos análisis y, por lo tanto para nuevas soluciones. Para nosotros, esta metodología responde a los mismos lineamientos de una buena psicoterapia, que no va a destruir el pasado de alguien sino que al desconstruirlo y volverlo a armar sobre nuevas bases, crea una nueva realidad, un nuevo enfoque y unas nuevas formas de enfrentamiento y de solución.

Para desconstruir de manera eficaz, la personalidad negociadora debe tener claridad en la diferencia que existe entre destruir y deconstruir, así como contar con evidentes demostraciones de madurez y de sensibilidad.

FASE 8. MANEJO DE PRESIONES

Esta fase de las negociaciones, que aunque se coloca en el tiempo medio, porque en él es cuando se manifiesta en toda su magnitud e importancia, va a estar presente en todos los tiempos, desde el de pre negociación hasta después de los resultados.

Esta es una capacidad que puede ser investigada y mantenida, entrenada y optimizada, a través de varios métodos, que tiene que cubrir todo buen negociador y que, desde este esquema psicológico, parte del autoconocimiento que brindará los elementos de manejo de presiones de tipo social y cultural, a lo que tendría que agregarse el mejor de los entrenamientos físicos, que lleven a superar con logros, las presiones sobre esta área.

La capacidad que tenga el negociador para actuar bajo presión, luce básica para su buen desempeño. Por ello es que, los resultados de sus elementos principales llevan a la descripción tanto de la estabilidad o elemento anti estrés y a la valentía, porque sin éstas, la personalidad no se encuentra en la capacidad de seguir adelante.

ESTABILIDAD

En el primer acercamiento que se hizo sobre estos elementos, la estabilidad se evaluó como la capacidad que tiene una personalidad para mantener sus realidades y expresiones propias en momentos de crisis o de importantes tensiones, en otras palabras, ser estable, radica en no estresarse, en no generarse daños importantes, en épocas de grandes crisis, tensiones o cambios.

El negociador, para manejar las presiones que se generan durante la dinámica, tiene que contar con ciertas capacidades y mostrar una gran resistencia física, psicológica y sociocultural, que le permitan resistir a los puntos de quiebre que otras personas no estarían aptas para soportar.

En la generación de estas resistencias, desde el punto de vista psicológico, hay muchas metodologías que buscan la presencia y optimización de estas características, pero que van a confluir todas, en la capacidad de estar preparados para cada uno de los escenarios extremos que se pueden presentar.

Peligros

El principal peligro de la ausencia de estabilidad, está en que la negociación se pierda por las demostraciones de una vulnerabilidad y también, por el exceso de estabilidad en una de las partes, lo que hace, que se pierdan las conexiones emocionales debido a la frialdad que genera el manejo de situaciones extremas, a menos que, la decisión esté relacionada con la búsqueda de este elemento de seguridad, de invulnerabilidad.

Criterios de fallas

La ausencia de estabilidad de un determinado negociador puede dañar de manera evidente y grave el curso de una determinada dinámica. La inestabilidad, que generalmente, están delatando de una manera abierta, una gran vulnerabilidad, va a repercutir en la ausencia de un adecuado manejo de presiones.

Por otra parte, la presencia de una estabilidad incuestionable, en algunos momentos y en algunas dinámicas muy precisas, puede resultar contraproducente, en especial cuando la otra parte se muestra muy vulnerable, pues podría lograr que muchos participantes y observadores, en especial la opinión pública, apoyen al débil.

Criterios de éxito

Cuando, por el contrario, la negociación se traduce en un buen manejo de la estabilidad, por parte de los negociadores, se incrementan las posibilidades de que todo salga de la mejor forma posible pues, la tranquilidad y la seguridad con que se aplica, hace que se emitan mensajes de un adecuado manejo de la situación.

VALENTÍA

El concepto de la valentía es la capacidad que tiene una personalidad para enfrentar realidades y situaciones que le generan miedo, a fin de solucionarlas. Bajo esta visión, el valiente tiene miedo, pero, a diferencia del cobarde, actúa a pesar de lo que siente.

A pesar de que este instrumento psicológico debe estar presente en muchas de las fases y de los tipos de negociaciones por los riesgos a que se somete la persona, es bajo el adecuado manejo de las presiones en donde se debe probar realmente el contar con esta característica. Esto diferencia a muchos tipos de negociadores pues la valentía, bajo la visión que la evaluamos, está íntimamente relacionada con la presencia de valores, ya que estos le dan la fuerza necesaria para actuar, a pesar del miedo que puedan sentir en un momento determinado.

De esta manera, con la valentía que muestre cada negociador se expresa una valoración secundaria e inconsciente, de la presencia de valores que tiene, lo que se traduce en una especie de fortaleza moral y ética, que puede ser determinante en algunas negociaciones.

Peligro

La presencia del daño a partir del uso de la valentía radica, en que sí el manejo de una negociación se hace a partir de este elemento implica riesgos, pues le da la oportunidad a los demás actores, de descubrir una real ausencia de poder o; una falta de argumentos convincentes para que la negociación se logre. Esto hace que la valentía sea (o se maneje) como un elemento desesperado o muy riesgoso de negociación.

Criterios de falla

La ausencia de Valentía puede traducir la falta unos valores que la generen y la alimenten, por ello la cobardía tiene un alto precio en las negociaciones.

El exceso de valentía que puede llevar hasta las situaciones heroicas, puede también generar grandes fallas en el manejo de las presiones dentro de una negociación, pues se está en la capacidad de trastocar su verdadero sentido, exaltando lo trágico de la realidad que se negocia. No siempre es cierto que una personalidad con una actitud heroica va a definir el buen logro de una negociación.

Criterios de logro

En toda negociación la valentía coloca en la realidad de las percepciones, la presencia de los valores y, con ello, un elemento importante para la legitimación del proceso aunque muestre debilidades reales para hacerlo.

La ausencia de valentía —la cobardía-, como vía hacia el logro, no es siempre negativa pues puede aparecer alguna cobardía estratégica que funciona con determinados actores, pero que pueden ser evaluada como manipuladora.

Baja estabilidad + baja valentía   vulnerabilidad

Baja estabilidad + alta valentía   peligro

Alta estabilidad + baja valentía   introversión

Alta estabilidad+ alta valentía   invulnerabilidad

Cuando se llegan a tener valores óptimos de ambos elementos, la capacidad para el correcto manejo de las presiones dentro de una dinámica negociadora, hace que se genere y optimice un mensaje de invulnerabilidad que puede ser importante en la proyección de imagen de un excelente negociador.

Si, por otra parte, comparamos los adjetivos que pueden surgir de la relación de cada uno de estos elementos, con la capacidad o incapacidad para soportar y manejar las presiones, encontramos realidades que nos van a reafirmar la importancia de estos elementos psicológicos, como los que guían para mostrar eficacia en situaciones difíciles.

Baja estabilidad + bajo soporte presión   vulnerabilidad

Baja estabilidad + alto soporte presión   auto daño

Alta estabilidad + bajo soporte presión   estrategia

Alta estabilidad + alto soporte presión   invulnerabilidad

Baja valentía + bajo Soporte presión   vulnerabilidad

Baja valentía + alto soporte presión   soportar

Alta valentía + bajo soporte presión   riesgo

Alta valentía + alto soporte presión   invulnerabilidad

ENTRENAMIENTO DE LA ESTABILID PSICOLÓGICA

Un programa de entrenamiento psicológico para lograr la estabilidad tiene que contemplar la presencia de:

Información   - dar información pertinente

Entrenamiento   - promover la pericia y

Formación   - clarificar y solidificar los valores de los aspectos más resaltantes

FASE 9. DETECTAR GRUPOS DE SOPORTE

Esta fase se puede conceptualizar como la que expresa la necesidad que tiene la personalidad negociadora país investigar, con certeza y rapidez, acerca de las personalidades individuales y colectivas que están ayudando, influyendo o manejando el proceso negociador de manera abierta o encubierta.

Esta definición nos hace pensar que muchas veces, las negociaciones se caen porque no se han detectado quiénes están —de manera abierta o encubierta- tras las dinámicas que se generan, influyendo o mandando sobre los negociadores. Sí esto no se detecta y se maneja a tiempo, la negociación no avanza, a pesar de estarla ejecutando bien.

Esto se puede traducir en el adecuado manejo de la "inteligencia" que se utiliza para evitar que, elementos secundarios o no conocidos, tengan el control de la negociación que se está realizando. Al identificar quiénes son, en el caso de que estén ocultos y, las razones por las que se encuentran dando esta influencia, manejo o mando, se pueden controlar mejor la situación que con la ausencia de estos datos.

SENTIDO PSICOLOGICO

Al comienzo del libro le pedimos que respondiera la percepción que usted tiene de sí, en cuanto a su sentido psicológico, para ello lo conceptualizamos como la capacidad que tiene una personalidad para captar con certeza y nitidez, lo que pasa en la psicología de los demás, es decir, para no ser ingenuo con lo que son y lo que sienten los otros. Este elemento, sin duda alguna, es fundamental en varias fases de la negociación, para no dejarse engañar por otros pero, donde toma la mayor importancia es para la detección de los otros que están influyendo de manera directa o indirecta, abierta o encubierta, discreta o determinante en la dinámica de las negociaciones y que lo va a colocar, simplemente como un tonto, que no se percata de quiénes son realmente los otros o; por el contrario, como una personalidad perspicaz, que sabe quiénes son y qué quieren, aquellos que no aparecen de manera directa en la dinámica.

Peligros

El más evidente de todos los peligros está en la ausencia de un real manejo de las dinámicas de negociación por parte de los actores más importantes. Ser objeto de influencias, manipulaciones y mandos de terceros que tienen mucho que perder o ganar. Otro peligro que se evalúa en forma importante en muchas negociaciones, está en el hecho de que la otra parte manipule la influencia, que en forma real o falsa, está recibiendo, con el objeto de evadir la responsabilidad de las decisiones o para generar falsas apreciaciones.

Criterios de falla

Cuando esta fase falla, es evidente que hay personalidades encubiertas que están manejando la realidad de la negociación. Esto puede originar una falla importante del negociador que no se ha dado cuenta o no le ha dado la importancia a los otros actores que están en el juego.

De igual manera, esta fase puede estar fallando por la presencia de un sentido psicológico que le está dando demasiada importancia a actores secundarios no relevantes, en el curso que lleva La dinámica negociadora.

Criterios de logro

Cuando la personalidad se da cuenta de todos los elementos que intervienen y de las Consecuencias, que pueden tener sobre determinado resultado en una negociación entonces, activa esta capacidad de perspicacia aplicada, que le permite ir analizando la presencia de estos factores y prevenir la distorsión de la dinámica y sus resultados.

TACTO SOCIAL

Este es un instrumento indispensable para la mejor convivencia peto también, en el caso de la negociación, para la detección cierta y firme de los elementos que, estando fuera de la dinámica formal, influyen en las negociaciones. La verdadera importancia de esta capacidad que tiene la personalidad para no herir en forma innecesaria a los otros, toma conveniencia estratégica para lograr esta finalidad, puesto que la presencia de las personalidades duras, groseras y directas, probablemente establecen barreras que no logran ser vulneradas por quienes actúan de esta forma. La pregunta que surge de este comentario esté, en la concepción de esta cualidad, de la amabilidad y el buen trato, como un elemento manipulatorio, para lograr un objetivo específico.

Peligros

La conclusión de esta relación -que no tiene la claridad y la contundencia de las otras- que se da entre el tacto social y la capacidad para detectar los verdaderos soportes esté., en que tanto por déficit de ella, como por su exageración se pierde la capacidad de establecer relaciones que faciliten o; que al menos no obstaculicen la captura de la información pertinente que puede ayudar a captar estas personalidades que en forma individual o colectiva, están tras las decisiones, fortaleciendo o haciendo sabotaje, de la negociación.

Criterios de falla

El dejarse manejar por personalidades externas a la negociación, por desconocer su presencia o su importancia, traduce una falla importante en la realidad de la negociación que debe plantear la revisión del tacto social. Una minimización de este instrumento que se traduce, en una actitud grosera, débil o cobarde, puede generar la visión de ser una personalidad defensiva y, por lo tanto, muy vulnerable.

Criterios de logro

Cuando, por el Contrario, se tiene la capacidad para detectar y conocer a las partes que, de existir, están tratando de influenciar en una negociación, hay una información que fluye de manera que ayuda o, al menos, no obstaculiza la evolución favorable de una dinámica negociadora

Esto toma mayor importancia cuando esta característica de buen comportamiento se une al sentido psicológico que se explicó anteriormente,

Bajo sentido psicológico + bajo tacto social   primitividad

Bajo sentido psicológico + alto tacto social   timidez

Alto sentido psicológico + bajo tacto social   crueldad

Alto sentido psicológico + alto tacto social   diplomacia

Ni con una gran primitividad, ni con timidez, ni aún con las demostraciones de crueldad, se tienen mayores oportunidades de detectar y manejar a quienes están detrás de cada grupo negociador.

Cuando se enfrentan ambos elementos, sentido psicológico y tacto social con la capacidad para detectar grupos de soporte, apoyo o mando, se obtiene la siguiente carga semántica,

Bajo sentido psicológico + baja detección ingenuidad

Bajo sentido psicológico + alta detección estrategia

Alto sentido psicológico + baja detección superioridad

Alto sentido psicológico + alta detección perspicacia

Que en el caso específico del tacto social, son,

Bajo tacto social + baja detección   miedo

Bajo tacto social + alta detección   amenaza

Alto tacto social + baja detección   debilidad

Alto tacto social + alta detección   manejo

PERFIL PSICOLOGICO DEL TIEMPO MEDIO

De acuerdo con la visión y metodología que hemos presentado, el tiempo medio de una negociación hace una gran exigencia de los siguientes diez elementos de la Imagen psicológica que mostramos a continuación, colocados en orden alfabético:

ADAPTABILIDAD

AUTOCONFIANZA

AUTOCONTROL

AUTOESTIMA

ESTABILIDAD

MADUREZ

SENSIBILIDAD

SENTIDO PSICOLOGICO

TACTO SOCIAL

VALENTIA

Evaluación Cuantitativa

Los criterios pata la evaluación cuantitativa de las competencias psicológicas requeridas para abordar con probabilidades de éxito el Tiempo Medio de la negociación, son similares a los utilizados para el Tiempo Inicial. Utilice la puntuación promedio obtenida para la Imagen Psicológica y para los diez elementos citados arriba. Le recordamos que, valores inferiores a 5.99 dificultan su participación como negociador de Tiempo Medio.

Evaluación cualitativa

Considerando los diez elementos descritos como componentes requeridos en el Tiempo Medio, tome los dos elementos que tenga con mayor puntuación y los dos que, por el contrario, tenga con menor valor, siempre y cuando estos últimos se encuentren por debajo de la puntuación de 5.99.

El cuadro que sigue muestra las relaciones positivas entre estos elementos y la actitud básica que generan en el negociador:

Alta adaptabilidad + alta autoconfianza   seguridad

+ alto autocontrol   conveniencia

+ alta autoestima   seguridad

+ alta estabilidad   solidez

+ alta madurez   solidez

+ alta sensibilidad   ubicación

+ alto s. psicológico ubicación

+ alto tacto social   conveniente

+ alta valentía   progreso

Alta autoconfianza + alto autocontrol   seguridad

+ alta autoestima   seguridad

+ alta estabilidad   seguridad

+ alta madurez   eficacia

. + alta sensibilidad   ubicación

+ alto s. psicológico   mando

+ alto tacto social   seguridad

+ alta valentía   seguridad

Alto autocontrol + alta autoestima cautela

 + alta estabilidad seguridad

 + alta madurez eficacia

 + alta sensibilidad eficacia

 + alto s. psicológico eficacia

 + alto tacto social diplomacia

 + alta valentía seguridad

Alta autoestima + alta estabilidad seguridad

 + alta madurez seguridad

 + alta sensibilidad eficacia

 + alto s. psicológico eficacia

 + alto tacto social modelo

 + alta valentía mando

Alta estabilidad + alta madurez seguridad/guía

 + alta sensibilidad eficacia

 + alto s. psicológico ubicación

 + alto tacto social guía/maestría

 + alta valentía mando/seguridad

Alta madurez + alta sensibilidad comprensión

+ alto s. psicológico   guía

+ alto tacto social   guía

+ alta valentía   mando

Alta sensibilidad   + alto s. psicológico   ubicación

+ alto tacto social   delicadeza

+ alta valentía   cambio

Alto s. psicológico   + alto tacto social   delicadeza

+ alta valentía   inicio

Alto tacto social   + alta valentía   guía

El análisis semántico genera que, para el buen ejercicio de la etapa media, se requiera de una realidad psicológica que sea fácilmente interpretada con la siguiente carga,

EFICACIA   logro de objetivos en forma rápida y certera

GUIA   convertirse en alguien a quien seguir

MANDO   capaz de impartir órdenes que se cumplan.

SEGURIDAD   mostrar una realidad

SOLIDEZ   mostrar capacidad de permanecer en el tiempo

UBICACIÓN   saber dónde se está y en qué situación

En la negativa, que inhabilita para actuar en realidades de este segundo tiempo, se encuentra la siguiente carga semántica,

Baja adaptabilidad   + baja autoconfianza   inseguridad

+ bajo autocontrol   peligro

+ baja autoestima   insatisfacción

+ baja estabilidad   insatisfacción

+ baja madurez   peligro

+ baja sensibilidad   peligro

+ bajo s. psicológico   peligro

+ bajo tacto social   peligro / daño

+ baja valentía   inseguridad

Baja autoconfianza   + bajo autocontrol   defensividad

+ baja autoestima   aislamiento

+ baja estabilidad   irritabilidad

+ baja madurez   inefectividad

+ baja sensibilidad   centrado en sí

+ bajo s. psicológico   desubicación

+ bajo tacto social   defensividad

+ baja valentía   cobardía

Bajo autocontrol   + baja autoestima   peligro

+ baja estabilidad   peligro

+ baja madurez   peligro

+ baja sensibilidad   peligro

+ bajo s. psicológico   peligro

+ bajo tacto social   irritabilidad

+ baja valentía   auto daño

Baja autoesti.ma   + baja estabilidad   defensividad

+ baja madurez   debilidad

+ baja sensibilidad   inferioridad

+ bajo s. psicológico   debilidad

+ bajo tacto social   defensividad

+ baja valentía   debilidad/inferioridad

Baja estabilidad   + baja madurez   ineficacia

+ baja sensibilidad   centrado en sí

+ bajo s. psicológico   centrado en sí

+ bajo tacto social   defensividad

+ baja valentía   defensividad

Baja madurez   + baja sensibilidad   egoísmo

+ bajo s. psicológico   centrado en sí

+ bajo tacto social   defensividad

+ baja valentía   defensividad

Baja sensibilidad   + bajo s. psicológico   anestesia

                                  + bajo tacto social   dureza

                                  + baja valentía   defensividad

Bajo s. psicológico + bajo tacto social   dureza

+ baja valentía   debilidad

Bajo tacto social + baja valentía   defensividad

Las actitudes derivadas de las distintas combinaciones de elementos se describen de la siguiente manera:

CENTRADO EN SÍ   estar solucionando problemas internos

DEBILIDAD   mostrar zonas o áreas vulnerables.

DEFENSIVIDAD   no mostrarse tal se es

DUREZA   mostrar respuestas tajantes e hirientes

EGOISMO   no pensar en las necesidades del otro

INEFECTIVIDAD   no lograr soluciones rápidas

INFERIORIDAD   sentirse en minusvalía

INSATISFACCION   no sentir que se tienen resultados

INSEGURIDAD   no mostrar

PELIGRO   generar daño

En el Tiempo Medio, las emociones juegan el siguiente papel:

La *Alegría* alienta la posibilidad de encuentro de alternativas de solución

La *Ira* nos da la convicción en el debate y la defensa

La *Tristeza* promueve la reflexión del diálogo

El *Miedo* nos prepara para el manejo de las presiones y la detección de soportes

El Tiempo Final de la Negociación

Este tercer tiempo que denominamos final o de remate, constituye la clausura del proceso, en el cual se desea obtener parte importante de lo que se quiere lograr, recuperar, mantener u optimizar, a cambio del menor o del mejor costo posible.

La parte psicológica indica la necesidad de capacidades muy específicas y muchas veces, difíciles de encontrar de manera natural. Las fases que componen este tiempo, deben ser bien conocidas, y solo deben participar en ellas, quienes han recibido un excelente entrenamiento con ejercicios prácticos.

Pero quizás lo fundamental y que le puede dar una visión más amplia a este tiempo, se encuentra en la primera fase que nos indica la necesidad de crear sintagmas que significa:, la capacidad de integrar paradigmas diversos, que se necesitan en estos tiempos de multicultura, para poder llegar a buenos términos en cada una de las negociaciones.

FASE 10. CREACION DE SINTAGMAS

Si un paradigma es un modelo conocido que sirve como una especie de guía o referencia para el entendimiento, la explicación y el correcto enfrentamiento de una determinada situación, éste se inutiliza cuando ya no sirve para cumplir con esos fines. De esta manera, en las ciencias naturales, es fácil determinar cuándo un paradigma es superado con otro modelo que explica mejor las situaciones, pero respecto al conocimiento del ser humano, donde hay múltiples variables que no pueden ser consideradas ya sea por el número, por sus constantes cambios o por la falta de una metódica apropiada, pueden coexistir varios paradigmas -generalmente culturales- , que parten de percepciones diferentes del mundo

Por ello es que recurrimos a la noción de sintagma, vocablo que definimos, en el contexto que nos ocupa, como: la capacidad que tiene la personalidad negociadora para investigar, detectar, mejorar y crear sistemas referenciales que puedan contener realidades nuevas, en las que sean posible la aceptación, coexistencia, competencia, progreso y equidad de las diferentes partes que negocian.

En otras palabras, es la capacidad para unir paradigmas diversos, en un sólo y nuevo sistema de referencias Y esto no es una tarea fácil Por ello es que para poder realizar esta actividad, una de las más especializadas y novedosas hay que contar con dos instrumentos Psicosociales muy importantes tal como lo son la autonomía y la responsabilidad.

La creación de Sintagmas es una importante capacidad en estos tiempos, en vista de la frecuencia con que se presentan negociaciones inter o multi culturales, es decir aquellas en las que participan negociadores provenientes de diferentes culturas.

AUTONOMIA

La autonomía es un instrumento difícil de explicar pues viene a representar una libertad que es real y que puede ser demostrada objetivamente y que puede transformase en acciones concretas. Esto le da una dimensión que permite conceptualizarla como la capacidad que tiene la personalidad para realizar las acciones que puede hacer y que, por lo tanto, no requiere de ayuda, asesoramiento o compañía para realizarlas.

Cuando se profundiza en la descripción que hace posible la creación de sintagmas, encontramos que toda personalidad, para ser autónoma, tiene que cumplir en forma obligatoria con los siguientes requisitos:

1. Tener una estructura física que garantice el cumplimiento de su objetivo sin contar con la presencia de otros.

2. Cumplir con determinadas funciones que tengan la complejidad y los resultados que le demuestren que no necesita la presencia de los otros.

3. Realizar acciones, concretas y específicas, de gran simpleza o dc gran complejidad.

4. Alcanzar los objetivos y la misión de su propia identidad, de ser quien es o lo que es.

Es decir, de acuerdo con este planteamiento, ninguna personalidad podrá ser realmente autónoma, en la medida en que no cumpla, con el tener la estructura que le asegure el cumplimiento de unas funciones específicas, que le lleven a reacciones para alcanzar los objetivos o la misión, que le es propia por ser quien es o lo que es.

Dicho en términos positivos, la autonomía se obtiene cuando se tiene una buena estructura física, intelectual y psicológica, que permita el funcionamiento que lleve a la ejecución unas acciones que le conduzcan a cumplir los objetivos y alcanzar la misión sin la presencia de otros.

Para detectar las fallas en la autonomía de una determinada personalidad se tiene que hacer un inventario de fallas fundamentales que, de acuerdo con el esquema anterior, son las fallas estructurales, las funcionales, de acción y de logro.

Peligros.

El gran peligro que reviste la elaboración de un sintagma que contenga los paradigmas de dos o más partes que se encuentran negociando, está en crear algo que luego, por diferentes razones, no pueda ser manejado con idoneidad, en crear un todo con problemas de identidad, de estructuras y funciones que no tienen un marco común y que puede generar nuevas situaciones de confrontación y competencia.

Criterios de falla.

Una personalidad, ya sea individual o grupal, que no tenga autonomía real para la ejecución de una determinada misión, no se encuentra en capacidad de generar el sintagma que contenga a las partes que se encuentran en negociación.

Esto ocurre en muchas situaciones en las que, el negociador —al carecer de esta autonomía fundamental- tan sólo se muestra como un vocero de ese grupo, lo que reviste una gravedad, especialmente si se actúa como mediador, conciliador u árbitro.

Por otro lado, actuar con un exceso de autonomía, puede también resultar perjudicial por el ejercicio del poder que puede resultar o ser percibido como aplastante.

Criterios de logro.

La capacidad para establecer sintagmas sobre la base de la presencia de una autonomía consciente y bien utilizada, sin excesos, es una de las dos bases que se encontraron para generar esos maxi sistemas que contienen a las partes en dinámica. Cuando no se es evaluado como dependiente dc ninguna de las partes, ni se es percibido como alguien que cede ante las críticas o los halagos de las partes o de las opiniones externas, ni puede ser comprado por necesidades no cubiertas, o ser chantajeado por información o material escondido; la personalidad puede ser apreciada como alguien autónomo, que está en capacidad de generar la presencia de un sintagma.

<u>PARADOJA DE LA AUTONOMÍA</u>

En el trabajo que hemos rea1iado encontramos una respuesta que llama la atención y se puede resumir en una regla que puede ser en apariencia, contradictoria. Nos señala que mientras más autónoma sea una personalidad, presenta mayor capacidad de renuncia al ejercicio de sus libertades.

RESPONSABILIDAD

La responsabilidad como ya se dijo, es la capacidad que tiene la personalidad para asumir las consecuencias de lo que ha hecho y de 1 que ha dejado de hacer. Así se plantea la capacidad que tiene todo negociador de responder ante sus acciones o sus omisiones.

Es mucho lo que se puede hablar de la responsabilidad en el sentido de plantear, sobre qué marco se puede llegar a serlo de la manera más integral y no tan sólo ante sí mismo o frente al grupo que se representa. Esto nos permite hacer una primera aproximación de la responsabilidad en la negociación, que lleva a establecer las de tipo personal, las que se asumen con los diferentes grupos o una de tipo colectiva y que va a cambiar, de acuerdo al tipo de negociación en la que se está involucrado. A medida que las negociaciones van tomándose complejas, por el número de personas que va a influir y, la gravedad de las consecuencias que se generen, la responsabilidad se va haciendo mucho mayor.

También esto sirve para reflexionar sobre la relación que hay entre los roles de negociador y de líder, lo que, para muchas personas puede ser lo mismo pero que nosotros establecemos, que ha medida en que aumenta la complejidad de la negociación y la importancia de sus decisiones se incrementan, estos roles van separándose de manera importante, muchas veces incluso, contraponiéndose en intereses que van a generar crisis de mando. La pregunta más importante a responder por cada uno de los lectores interesados en el tema será ¿hasta qué punto todo líder es un negociador?

Peligros.

Esta es una realidad de negociación que, probablemente, a diferencia de todas las anteriores, requiere de un gran desarrollo de tipo conceptual que le permita al negociador manejarse en realidades superiores, tanto de evolución psicosocial, como del entendimiento del mundo actual de un espacio multicultural en el cual, el reto está en tener cada vez más clara la identidad en un medio de diversidades.

Criterios de falla.

Cuando falla la responsabilidad dentro de una negociación, las consecuencias pueden llegar a ser desastrosas, tanto para uno como para todos los involucrados en el proceso negociador, especialmente por las dificultades que presenta a la hora de construir un sintagma que haya podido agrupar a todos los actores en un sistema mayor. Suponemos entonces que la dinámica se orientó más a proteger las necesidades o deseos de un individuo o de un sólo grupo y, por lo tanto, no se dio la oportunidad de crear una realidad interdependiente que antecediera a los acuerdos y a las ganancias.

En una negociación multicultural, la incapacidad para la creación de sintagmas, provoca la pérdida de la verdadera naturaleza del proceso negociador. El proceso falla, en medio de realidades confusas que, probablemente, deberán ser reestructuradas luego de algún tiempo.

Criterios de logro.

La generación de un sistema mayor que agrupe a los contendores, en especial cuando uno forma parte de ellos, puede generar una serie de realidades cuyas dinámicas se producen tan solo, bajo la influencia de la psicología de la interdependencia, en relaciones de ganar-ganar.

Este es quizás el fundamento más importante de las democracias multiculturales en las que, el liderazgo debe crear o; permitir que se realicen las verdaderas realidades multiculturales. El reto, está en que la suma social que se obtiene con la diversidad que la conforma, sea mayor y mejor, que la suma de las partes.

Ambos elementos psicosociales resaltan su importancia conjunta, en la fase que se corresponde con la creación sintagmas, lo que se ve claramente, cuando hacemos las relaciones semánticas que se dan entre su ausencia y su presencia,

Baja autonomía + baja responsabilidad   dependencia

Baja autonomía + alta responsabilidad   obligatoriedad

Alta autonomía + baja responsabilidad   peligro

Alta autonomía + alta responsabilidad   interdependencia

Para crear un sintagma, se necesita de los dos elementos, porque utilizar tan sólo uno de ellos, puede desviar a obligación con alguno de los grupos o enfrentados a situaciones de peligro potencial, al hacer lo que se quiere, sin responsabilidad que la modere.

FASE 11. PLANTEAMIENTO DE SOLUCIONES

Esta fase, de gran importancia, depende de la capacidad que tiene la personalidad negociadora para encontrar y proponer soluciones que sirvan para satisfacer las aspiraciones principales de las partes que negocian. Este concepto lleva en forma implícita, dos elementos que hay que tomar en cuenta y que contribuyen a encontrar formas de solución y, de proponerlas de la manera más adecuada.

Para encontrar soluciones al proceso de negociación se debe haber cumplido con los pasos anteriores, para que en esta fase, se llegue finalmente al encuentro de las posibles soluciones que se revisten dc complejidad, debido a los diferentes choques que se han planteado entre las partes. El buen negociador debe hallar la manera de actuar en forma justa con las partes involucra das, ya sea que actúe como mediador o como parte de uno de los grupos. Sin duda alguna su actuación se va a facilitar si tiene claridad de lo que es la interdependencia, teniendo los elementos fundamentales en su propia realidad psicológica y social.

Este encuentro de soluciones viene dado por la presencia de varios criterios como los de: verdad, justicia, equidad, cooperación, o cualquier otro que se ajuste a la situación; pero también puede provenir, de la creación de una zona de ambigüedad que permitió de construir una realidad existente, para construir una nueva, bajo una visión diferente, que permita la creación de alternativas que se usen para encontrar soluciones adecuadas y justas.

El segundo elemento que surge del concepto de esta fase está en la forma en cómo se plantean, a fin de que éstas sean analizadas y discutidas, en lugar de ser rechazadas. La forma de proponer las soluciones, debe ser estudiada para encontrar, tanto al vocero más adecuado, como el espacio, el tiempo y las condiciones mínimas en las que debe hacerse. Cualquier variación en ello, puede ocasionar tanto el retroceso, como el derrumbe de toda la negociación.

El vocero, por reglas generales, no debe dar la idea de un ganador invencible, pero tampoco la de una personalidad débil y manipulable; debe ser, por lo general, alguien de bajo perfil, que no genere ideas de búsqueda de poder a través de esta acción, preferiblemente en un sitio neutral y en condiciones que traduzcan un clima emocional tranquilo en el cual sea fundamental transmitir reflexión (no-depresión), motivación constructiva (no destructiva), organización ante el miedo (no-sumisión) y, finalmente, una muy discreta alegría. De todas maneras, cada situación de negociación en particular, debe generar una profunda reflexión acerca dcl cómo comunicarle al resto de las partes, una determinada solución, lo que constituye en gran parte, al ejercicio de una gerencia de la negociación en esta etapa final.

DECISION

El criterio teórico que utilizamos para enfrentar este instrumento tan importante, en todos los aspectos de la vida, fue el de conceptualizar a la decisión como, la capacidad que tiene una personalidad para elegir racionalmente una vía, cuando existen dos o más posibilidades. Esto genera la visualización de ella con un elemento fundamentalmente racional que, claro está, tiene altas conexiones con la parte emocional. Al expresar, por otra parte, qué ocurre cuando hay dos o más posibilidades de elección, está claro que las posibilidades tienen, cada una, sus ventajas o desventajas pero que, mientras más alto es el riesgo asumido mayor debe ser la ganancia.

Peligros

La ausencia de decisión por parte de uno de los actores fundamentales, tendrá una gran influencia en todo el proceso. Esto ocasiona que retardar, retrocede; anular e incluso promover las decisiones, sea asumido por cualquiera o por quienes, hasta los momentos, no tenían ese rol.

Por otra parte, el posponer una determinada decisión podrá repercutir en la pérdida de oportunidades que se daban para un momento determinado.

Al final, se encuentra el problema de la toma de malas decisiones que, como es evidente, va a trastocar todo el proceso negociador.

Criterios de falla

No es posible la fase del planteamiento y comunicación de las soluciones, sí no ha existido una previa toma de decisión por parte del negociador. Así que, la ausencia de este elemento lleva, en forma irreparable, al surgimiento de decisiones entre las otras partes involucradas, que va a repercutir en los acuerdos y ganancias, que se puedan obtener. Igualmente, la toma de una determinada decisión va a repercutir en todo lo que sigue.

Criterios de logro

Lo que puede traducir una buena decisión está en llevar la dinámica negociadora hacia delante con las mejores perspectivas de llegar a los acuerdos y a las ganancias convenientes. Para un negociador interdependiente, la buena decisión, será la que permita brindar los mejores resultados que el tipo de negociación en que se está inmerso, permite, así como también, la que haga que se logren las mejores ganancias para cada parte, al tiempo que se preserva la relación.

INICIATIVA

Definida como la capacidad que tiene una personalidad para iniciar las acciones que la guíen a la obtención de unos objetivos determinados..

La iniciativa, que ahora muchos pueden llamar "proactividad", es una capacidad que permite que se realicen las acciones necesarias para lograr el fin u objetivo determinado. Esto es de una importancia tal, en nuestras vidas individuales o colectivas, que hay que profundizar sus principales características para tener una mayor claridad de cómo se interrelaciona con los procesos de negociación.

El análisis DOFA de las fortalezas y las debilidades que tenemos, nos permitirá establecer nuestra capacidad para tomar la iniciativa, es decir, el poder o no poder hacer las cosas que nos lleven a obtener lo que necesitarnos o deseamos; Por su parte, el análisis de las amenazas y las oportunidades que se perciben en la realidad, nos permitirá identificar lo que se debe hacer para neutralizar las amenazas y aprovechar las oportunidades. Entre el poder hacer y el deber hacer, se plantean cuatro (4) escenarios que tienen relaciones importantes con la negociación. Cuando no puedo por debilidades y, no debo hacer lo por las amenazas, surge la realidad del "NO", como respuesta evidente que impedirá cualquier iniciativa; lo contrario sucede, cuando nos encontramos con una fortalezas que nos dicen podemos y unas oportunidades que nos expresan que deben surge la iniciativa como una respuesta natural.

Los problemas comienzan cuando no puedo hace pero debo, cuya realidad es la frustración, mientras que cuando puedo pero no debo, surge la represión como consecuencia del conflicto. La iniciativa, dentro de la gerencia, se maneja fundamentalmente en estos cuatro (4) escenarios: la negación evidente, la frustración, la organización y la depresión de las acciones, que se inicien o no, pata obtener algo específico.

La lucha por iniciar algo que se niega, es casi imposible a menos que, se haga bajo presión o amenaza. La lucha que se da para iniciar algo que se hace en el escenario de la frustración, puede implicar grandes retos que pueden llevar a construir o destruir. La lucha que se establece para actuar, a pesar del miedo que reprime, genera los escenarios más frecuentes de acción en la iniciativa, pues en este caso, la realidad es de un alto riesgo pero, en el fondo, las fortalezas o capacidades propias, puedan neutralizar, en forma evidente a las amenazas que coloca el ambiente.

Peligro

El daño se puede generar tanto en la ausencia de iniciativa en una o; en todas las partes de la dinámica, como en la presencia de una, de tal magnitud o de mal manejo, que puede parecer un atropello, todo lo cual constituye grandes fallas de tipo gerencial que, sin duda alguna, van a repercutir en sus resultados.

Criterios de falla

Cuando no existe la iniciativa que logre llevar a cabo el planteamiento de las Soluciones que se han vislumbrado a lo largo de la realidad negociadora, la negociación se detendrá

Igual puede suceder, cuando la iniciativa es tan evidente y mal manejada, que genera miedo, paralización y hasta rechazo en la otra parte. La negociación puede paralizarse por completo por la falta de iniciativa de todas las partes porque mientras unos no tienen la iniciativa de promover soluciones que ya ha encontrado, la otra parte puede sacar absolutos beneficios de la situación.

En forma más específica y, de acuerdo a la descripción que se hizo, hay grandes fallas cuando se activan iniciativas "locas" en un ámbito de debilidades y amenazas.

Criterios de logro

Cuando la iniciativa fluye como el resultado de todos los pasos anteriores, el logro se traduce en una adecuada proposición de alternativas de solución lo que, probablemente también haga que la otra parte actúe, generando nuevas posibilidades.

La mejor forma para activar la iniciativa será, la de aprovechar las fortalezas que se tienen, y las oportunidades que promueve el medio; que es lo que lo lleva a la completa realización.

Lo importante de esta fase queda evidenciado cuando se mezclan los extremos de la ausencia y la presencia de estos dos elementos que son la decisión y la iniciativa.

Baja decisión + baja iniciativa   parálisis

Baja decisión + alta iniciativa   temeridad

Alta decisión + baja iniciativa   represión

Alta decisión + alta iniciativa   gerencia

FASE 12. LLEGAR A ACUERDOS

En esta fase, que se encuentra casi al final de la negociación, encontramos la necesidad de establecer los acuerdos más importantes que den por terminado el proceso y los esfuerzos que se han hecho para ello. El llegar a los acuerdos la definimos como *la capacidad que tiene la personalidad negociadora, para llegar a establecer acuerdos que traduzcan la satisfacción de las necesidades prioritarias de cada parte involucrada en la negociación.*

Esta posibilidad de clausurar con logros y éxitos dinámica de negociación, se vincula en nuestra investigación con dos (2) elementos que son fundamentales para establecer buen acuerdos, para hacerlos cumplir y vigilar, y para continuamente cumplimiento, asegurando con ello, que se prolonguen y cumplan su verdadera función.

Uno de ellos es la disciplina y el otro, el liderazgo cuya importancia verdadera en los acuerdos, se observará con falta de uno de ellos y se maximiza con la ausencia de los dos.

DISCIPLINA

Cuando se tiene conceptualizada a la disciplina corno la capacidad que tiene una personalidad para lograr un objetivo determinado, cumpliendo toda una serie de normas preestablecidas, se tiene una mayor claridad del por qué y del para qué, este instrumento está contemplado en la fase para llegar a los acuerdos. El tener una organización interna, que permita una rapidez de acción y de respuesta, así como el llevar un orden externo de todo lo que sucedió durante el transcurso de la dinámica, resulta imprescindible para establecer acuerdos que nunca se lograron con una desorganización interna, (en especial sí el medio en la cual se desarrolla no lo es).

Este instrumento, de vida y de negociación, equivale a tener todo en su lugar y con un rápido acceso que lo haga abordable y aprovechable con el mínimo de esfuerzos. Esto luce aún más importante cuando podemos observar que ir desde las debilidades hasta las fortalezas o capacidades equivale a organizarse, así como transitar desde las amenazas a las oportunidades, es equivalente a ordenarse. De esta manera, el verdadero crecimiento y desarrollo de la disciplina, como realidad que permite llegar a los acuerdos convenientes, está en organizarse para fortalecerse y en ordenarse para aprovecharse.

Este criterio de disciplina va a ser imprescindible en una realidad que se mueve en la complejidad de una red y que además tiene una velocidad que, en ocasiones, parece inmanejable.

Peligro

La presencia de la indisciplina, dentro de una realidad de negociación, es un factor que la mayor parte de las veces se transforma en un inhibidor de toda la dinámica pero, en especial, en la que se establece a través de los acuerdos. En esta fase la indisciplina puede tomarse en un peligro por no tener organización y orden para su adecuado cumplimiento, más aún, cuando esta realidad dc eficacia ha sido reforzada con muchos éxitos en otras fases del proceso.

Criterios de falla

Con la idea anterior se puede observar cómo las fallas de la organización interna, así como también de la externa, llevan a que esta fase dc logros de acuerdos, no se ejecute de la forma correcta, así como también, los déficit que existan en el orden interno o externo, dificultan el verdadero y más conveniente aprovechamiento de oportunidades por parte dcl negociador.

Acordar en medio de una desorganización o de un desorden propio que evidencia la falta de disciplina es mucho más complicado que hacerlo con una clara organización y orden.

Criterios de logro

Por el contrario, la presencia de una adecuada organización (aunque esta se haga en presencia del caos, la ambigüedad o la incertidumbre) y de un orden mínimo de funcionamiento, hace que tanto la génesis, la proposición y la factura de los acuerdos, se hagan de una manera más fácil y rápida, brindando además, criterios de gran eficacia.

Otro criterio de logro está en la continua relación que se pueda establecer en la fase de justificación y la de legitimación, puesto que al profundizar el conocimiento de la dinámica, los mismos acuerdos propuestos y aceptados van a transformarse en facto res tanto de una como de otra fase.

La desorganización y el desorden en el negociador pueden hacer que el buen resultado de una negociación se transforme en unos resultados indeseables.

Baja disciplina + bajo acuerdo   desorganización

Baja disciplina + alto acuerdo   sabotaje

Alta disciplina + bajo acuerdo   discusión

Alta disciplina + alto acuerdo   organización

LIDERAZGO

Este instrumento resulta de gran importancia para el logro de una buena negociación y parte vital de esta última fase. El liderazgo es una de las claves para un buen rematador de conclusiones. Si aceptamos el concepto de liderazgo como la capacidad que tiene una personalidad para influir de manera determinante en los pensamientos, emociones y conductas de los otros, tiene que aceptar la importancia de esta capacidad sobre las posibilidades de llegar a acuerdos en una negociación determinada.

Esta capacidad para influir a los otros, puede ser racional o cognoscitiva lo que va a permitir, que se llegue a un acuerdo a través del conocimiento y de la verdad racional, que hablamos en un capítulo anterior, como la honestidad.

Asimismo, esta influencia puede ser emocional y lograr acuerdos fundamentados en la ya estudiada sinceridad, que; puede ser utilizada como un instrumento de manipulación

Estos liderazgos simples pueden unirse y conformar los llamados liderazgos sentimentales que generan influencia racional y emocional

Adicionalmente, está el liderazgo conductual con el que se logra imponer un acuerdo a través de actos y hechos.

Otro tipo de liderazgo complejo, es el pasional, que influye en h emoción y en la conducta, pero no en la razón y genera el llamado liderazgo carismático. Este liderazgo, puede provocar acuerdos que después, son casi imposibles de comprender.

Finalmente, están los liderazgos maquinales que influyen en lo racional y lo conductual, sin, tocar lo emocional. Estos liderazgos están ampliamente ligados a la gerencia por lo que son considerados como los acuerdos más fríos que se pueden encontrar.

Cuando se unen los tres elementos y el liderazgo crea y desarrolla influencia, en las tres áreas (racional, emocional y conductual) se genera un liderazgo completo que, probablemente, tendrá una gran influencia en lograr acuerdos específicos, humanos, no manipulatorios y de gran trascendencia pata cada uno de los actores.

Para llegar a un acuerdo hay que tener un mínimo de liderazgo que equivalga a una capacidad, tanto de poder como de influencia en el conocimiento, en las emociones y en las conductas de los otros.

Peligro

Esta capacidad psicológica puede, con su ausencia o una excesiva presencia, dañar todo un proceso negociador. Ya evaluamos en párrafos anteriores lo que traduce la ausencia de líder en una u otra parte del proceso, pero también es importan revisar que la presencia dc un liderazgo simple o complejo (el liderazgo integral rara veces causa daño) puede trastocar todo proceso a través de muchas opciones que van desde la manipulación, la imposición o la realización de amenazas a la otra parte.

Bajo liderazgo + bajo acuerdo   desorden

Bajo liderazgo + alto acuerdo   estrategia

Alto liderazgo -I- bajo acuerdo   discusión

Alto liderazgo + alto acuerdo   orden

Criterios de falla

Sí no existe liderazgo, los acuerdos estarán en contra de los intereses de ese grupo que no logra generar el liderazgo capaz de trabajar para él.

Si, a pesar de la ausencia de un buen liderazgo, se llegan a buenos acuerdos, hay que revisar muy bien la situación, para ubicar sí la causa de ello, fue la existencia de un liderazgo no notado que influyó o la presencia de un aliado o padrino no identificado o; una conciencia muy desarrollada, en la otra parte que indica que se hizo la negociación con una personalidad interdependiente que no se aprovechó de esta situación.

Criterios de logro

Cuando, por el contrario, se llegan a buenos acuerdos, la evidencia de un liderazgo adecuado que los hizo llegar a feliz término es clara.

Cuando unimos las posibilidades semánticas de las posibilidades extremas de la disciplina con el liderazgo, nos damos cuenta de la importancia de ambos en la fase que tiene como objetivos el llegar a unos acuerdos que se establezcan, como la solución a una determinada realidad que condujo a una negociación.

Baja disciplina + bajo liderazgo   anarquía

Baja disciplina + alto liderazgo   sabotaje

Alta disciplina + bajo liderazgo   obligatoriedad

Alta disciplina + alto liderazgo   productividad

Los resultados de la anarquía, del sabotaje que obstaculiza procesos negociadores y la obligatoriedad de hacer cosas a través de la imposición, reflejan en forma importante la necesidad de tener en esta fase de negociación a personalidades con buena disciplina y buen liderazgo.

FASE 13. GENERAR GANANCIAS

S aceptamos que llegar a un acuerdo no significa que se está ganando, podemos separar en fases diferenciadas, poder llegar a los acuerdos necesarios y poder obtener las ganancias.

En nuestra metódica podemos encontrar varios tipos de ganancias, según los argumentos y resultados a evaluar.

Uno pierde y el otro gana

En esta dinámica, se habla de un ganador que obtiene lo que necesita o desea, sin perder elementos importantes que estaban en juego. Se describen las posibilidades de alguien que pierde, a plena conciencia, para que se logre la armonía y la paz de la situación. Es un perdedor consciente, pero esperanzado, que piensa, que en el futuro la realidad va a ser distinta, y la ganancia del otro va a hacer que reflexione y cambie.

Los dos pierden

En este proceso, las partes que negocian sienten pérdidas, sin que se pueda hablar de un ganador. ¿Quién gana?

Probablemente, una tercera parte que podría ser alguien que intervino como parte neutral, o un aliado a cualquiera de las partes de la negociación, que no se supo detectar o al que no se le dio importancia.

Los dos ganan

Son los procesos que se fundamentan en la descripción de la dinámica interdependiente, que nos ha servido como paradigma en todo este libro.

PLACER

Este instrumento de vida que describirnos como el principal elemento para hacer realidad el logro dc la ganancia en la dinámica de la negociación, se conceptualiza como la capacidad que tiene una personalidad para obtener alegría y felicidad con lo que se es, con lo que se hace y por estar donde se está.

Este concepto torna al placer, en una realidad muy compleja en la que se deben definir —al menos como fundamento referencial- los conceptos de alegría y de felicidad, entendiendo que la primera, es la realidad emocional que surge cuando se perciben fortalezas o capacidades que cuentan con oportunidades y la felicidad; como un sentimiento intenso, a plena conciencia, de lo bueno que significa el estar vivo. Esto, de acuerdo al concepto, se tiene que complementar con los criterios básicos de ser quien se es, de estar donde se está y de hacer lo que se hace. Con uno de estos tres elementos que se ausente, ya el nivel de placer baja en forma considerable.

Por otra parte, los criterios de un placer completo se dan, cuando se cumplen tres (3) acciones específicas que son, la motivación que implica, el uso de la emoción para activar la alegría y la felicidad; el disfrute, entendido como la entrega al placer sin la presencia de factores que lo inhiban y, la satisfacción que implica saciar el apetito del placer.

Peligros

Tanto la ausencia de placer, al impedir la celebración o los buenos resultados, Como tornar superficial la presencia de la alegría y la felicidad, es altamente negativo pan la verdadera capacidad de ganar en una negociación, ya que, los estados de placer extremo (dolor y tormento) corno los de alegría superficial y evasiva, impiden que se tenga plena conciencia del significado del objetivo ganar-ganar.

Criterios de falla

La falta de ganancia dentro de una negociación lleva a visualizar las realidades de una personalidad perdedora que puede haber estado en esta situación porque realmente no tenía que ganar en la negociación, así que prefirió sacrificarse, para lograr o mantener una armonía o, por fines estratégicos, pensando que tenía que perder esta vez, para ganar mañana.

También puede suceder, que haya ganado, dejando ganar a la otra parte, lo que muchos pueden interpretar como haber perdido, ganando todo lo posible.

Criterios de logro

Cuando existe el placer se puede exteriorizar, ganando con una celebración adecuada por lo que se obtuvo, pero también, aún en las situaciones dc pérdida, puede mostrar una buena cara. Esta actitud es la llamada "resiliencia" que es la capacidad, de algunas personalidades, para volver a su estado normal luego de haber sufrido Situaciones de alto estrés o de alto Costo y, que terminan por aprender de cada situación de pérdida.

En la siguiente relación, se observa la importancia entre el placer y las ganancias en la negociación.

Bajo placer + baja ganancia   = sacrificio

Bajo placer + alta ganancia   =fortalecimiento

Alto placer + baja ganancia   =resiliencia

Alto placer + alta ganancia   =celebración

El tener un placer adecuado, hace que todo negociador vuelva a estar en condiciones de negociar, en las mejores condiciones posibles en el futuro, para reiniciar el ciclo de convivencia.

PERFIL PSICOLÓGICO DEL TIEMPO FINAL

Siguiendo con la visión y metodología que hemos presentadas, el tiempo final o de remate de una negociación hace una gran exigencia de los siguientes siete elementos de la Imagen psicológica que mostramos a continuación, colocados en orden alfabético:

AUTONOMÍA

DECISIÓN

DISCIPLINA

INICIATIVA

LIDERAZGO

PLACER

RESPONSABILIDAD

Evaluación Cuantitativa

Los criterios para la evaluación cuantitativa de las competencias psicológicas requeridas para abordar con probabilidades de éxito el Tiempo Final de la negociación, son similares a los utilizados para el Tiempo Inicial y el Tiempo Medio. Utilice la puntuación promedio obtenida para la Imagen Psicológica y para los siete elementos citados arriba. Como antes, le recordamos que valores inferiores a 5.99 dificultan su participación como negociador de Tiempo Final.

Evaluación cualitativa

Considerando los siete elementos descritos como componentes requeridos en el Tiempo Final, tome los dos elementos que tenga con mayor puntuación y los dos que, por el contrario, tenga con menor valor, siempre y cuando estos últimos se encuentren por debajo de la puntuación de 5.99.

El cuadro que sigue muestra las relaciones positivas entre estos elementos y la actitud básica que generan en el negociador:

Alta autonomía   + alta decisión libertad

÷ alta disciplina   perfección

+ alta iniciativa   progreso

+ alto liderazgo   *autoriítas*

+ alto placer   libertad

+ alta responsabilidad   progreso

Alta decisión   + alta disciplina   confianza

+ alta iniciativa   gerencia

+ alto liderazgo   poder

+ alto placer   libertad

+ alta responsabilidad   confianza

Alta disciplina   + alta iniciativa   gerencia

+ alto liderazgo   poder

+ alto placer   compromiso

+ alta responsabilidad   productividad

Alta iniciativa   + alto liderazgo   cambio

+ alto placer   pasión

+ alta responsabilidad   progreso

Alto liderazgo   + alto placer   carisma

+ alta responsabilidad   confianza

Alto placer   + alta responsabilidad   compromiso

En la búsqueda del mapa positivo de la psicología del tercer tiempo en las negociaciones, se encuentra que los calificativos más frecuentes en este esquema son,

CONFIANZA   hacer que los otros confíen en la actuación

COMPROMISO   establecimiento de vínculos profundos.

GERENCIA   generar más, con lo menos posible

LIBERTAD   posibilidades de hacer lo que se requiera

PROGRESO   mostrar cada vez mejores realidades

El negociador del tercer tiempo, que pueda rematar una negociación, tiene que ser un gerente confiable, comprometido, con claro sentido de la libertad y que genere progreso.

Cuando se trabajan los elementos negativos de este tiempo de remate, se logra la siguiente carga semántica,

Baja autonomía   + baja decisión   dependencia

                               + baja disciplina   rebeldía

                               + baja iniciativa   parálisis

                               + bajo liderazgo   dependencia

                               + bajo placer   amargura

                               + baja responsabilidad   rebeldía

Baja decisión   + baja disciplina   sabotaje

                               + baja iniciativa   parálisis

+ bajo liderazgo   evasión

+ bajo placer   amargura

+ baja responsabilidad   evasión

Baja disciplina   + baja iniciativa   anarquía

+ bajo liderazgo   anarquía

+ bajo placer   peligro

+ baja responsabilidad   peligro

Baja iniciativa   + bajo liderazgo   dependencia

+ bajo placer   amargura

+ baja responsabilidad   dependencia

Bajo liderazgo   + bajo placer   resentimiento

+ baja responsabilidad   evasión

Bajo placer   + baja responsabilidad   resentimiento

Los calificativos más importantes que aparecen en este análisis semántico son,

AMARGURA   se generan sentimientos de rabia-dolor

ANARQUÍA   no hay normas básicas de actuación

DEPENDENCIA   no se puede actuar en forma autónoma

PARÁLISIS   no se realizan las debidas acciones

PELIGRO   se causa daño a estructuras y funciones

REBELDÍA   no se cumple la normativa establecida

RESENTIMIENTO   no se siente presencia de la justicia

El negociador del tercer tiempo (del remate) de la negociación, tiene que evitar ser anárquico, dependiente, rebelde, peligroso demostrar amargura, parálisis y resentimiento en su p ersonalidad.

En esta fase, las emociones nos permiten enfrentar sus distintos componentes, como sigue:

La *Alegría* nos ayuda en el proceso de construir sintagmas y ganar

La *Ira* nos prepara para plantear soluciones

La *Tristeza* nos ayuda a acordar

El *Miedo* nos prepara para enfrentar el riesgo de perder más de lo necesario

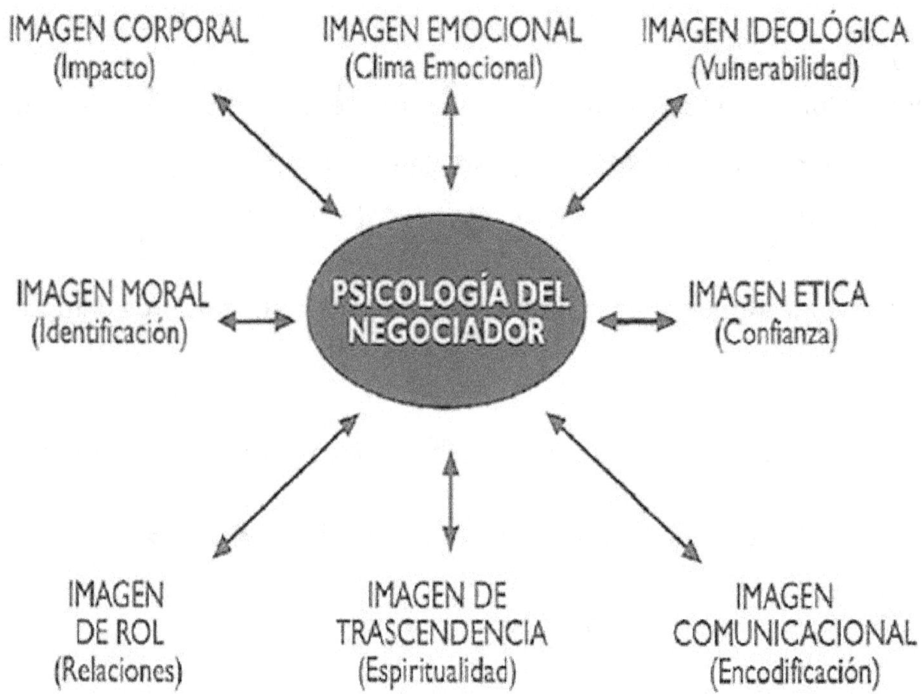
LA NEGOCIACIÓN
DESDE LA PSICOLOGÍA
IMAGEN CORPORAL
(Impacto)
IMAGEN EMOCIONAL
(Clima Emocional)
IMAGEN IDEOLÓGICA
(Vulnerabilidad)
IMAGEN MORAL
(Identificación)
PSICOLOGÍA DEL NEGOCIADOR
IMAGEN ETICA
(Confianza)
IMAGEN
DE ROL
(Relaciones)
IMAGEN DE
TRASCENDENCIA
(Espiritualidad)
IMAGEN
COMUNICACIONAL
(Encodificación)

PERFILES BASICOS DE NEGOCIADORES.

Una Guía para la evaluación

Para evaluar de manera clara, los aportes que puede ofrecer esta Teoría de la Imagen y el Poder a las realidades de la negociación, hay que considerar trece componentes básicos que definen el perfil que tiene una determinada personalidad individual o colectiva para abordar una negociación, con probabilidades de éxito. Al mismo tiempo, el proceso de evaluación del perfil psicológico del negociador nos sirve dc síntesis de lo que hemos desarrollado a lo largo de este libro, y que relacionan la Imagen, el Poder y la Negociación, desde un abordaje psicológico.

Los trece elementos del autoconocimiento

1 DESCRIPCIÓN DEI NWEL PSICO - EVOLUTIVO

Sirve para calibrar su Poder Empático, es decir, del tipo básico de las interacciones con los demás. Constituye lo que hemos denominado la Imagen Psicológica, de la cual deriva el nivel alcanzado en la escala evolutiva de la personalidad.

2 DESCIIPCIÓN DE LA IMAGEN GENERAL O DE PRIMER IMPACTO

1. Modelo de Imagen ¿Qué quieren los demás que sea?

2. Discurso de Imagen ¿Qué quiere ser él mismo?

3. Imagen General

4. Poder de esta imagen

Relación entre imagen psicológica e imagen general.

Impacto. Congruencias e incongruencias.

3 DESCRIPCIÓN DE LA IMAGEN EMOCIONAL.

5. Emoción(es) fundamental(es) que transmite

6. Conocimiento y control de su clima emocional

7. Influencia emocional en los otros.

Relación entre imagen psicológica e imagen emocional

Relación entre imagen emocional e imagen general

<u>4 DESCRIPCIÓN DE LA IMAGEN IDEOLÓGICA</u>

8. Posicionamiento ante el cambio social

9. Posicionamiento ante la convivencia social

10. Posicionamiento ante los valores sociales

Relación entre psicología e imagen ideológica

Relación entre imagen ideológica e imagen física

Relación entre imagen ideológica e imagen emocional

<u>5 DESCRIPCIÓN DE LA IMAGEN MORAL</u>

11. posicionamiento en la moral de la esperanza

12. posicionamiento en la moral del placer

13. posicionamiento en la moral de la razón

14. posicionamiento en la moral del diálogo

Relación entre psicología e imagen moral

Relación entre imagen física e imagen moral

Relación entre imagen emocional e imagen moral

Relación entre imagen ideológica e imagen moral

<u>6 DESCRIPCIÓN DE LA IMAGEN ÉTICA</u>

<u>7 DESCRIPCIÓN DE LA IMAGEN DE ROL</u>

<u>8 DESCRIPCIÓN DE LA IMAGEN TRASCENDENTE</u>

<u>9 DESCRIPCIÓN DE IA IMAGEN COMLJNICACIONAL</u>

<u>10 DESCRIPCIÓN DE LA IMAGEN TRASOENDENTE</u>

<u>11 DESCRIPCIÓN DEL PERFIL PSICOLÓGICO DEL TIEMPO DE INICIO</u>

<u>12 DESCRIPCIÓN DEL PERFIL PSICOLÓGICO DEL TIEMPO MEDIO</u>

<u>13 DESCRIPCIÓN DELPERFIL PSICOLÓGICO DEL TIEMPO FINAL</u>

Los Perfiles Básicos

A continuación presentamos una síntesis de Las características más resaltantes de cada tipo de negociador, de acuerdo al nivel alcanzado en la escala evolutiva de la personalidad. En cada caso se destacan los componentes relevantes de las imágenes: general, emocional, ideológica, moral, ética, de rol y trascendente, en ese orden, así como sus mvel.es de flexibilidad y tolerancia y sus características en cada tiempo de la negociación.

El Negociador Víctima

Imagen:

Imagen débil cuya fortaleza está en la ausencia de poder; es la mala imagen de la imagen tierna.

Tristeza, fundamentalmente depresiva. Conservador, colectivista y principista Moral de la Esperanza. Ética Trágica. Amores opositores. Sacrificado, mártir. Alta flexibilidad + alta tolerancia

En el Tiempo Inicial:

Fase I   bajo atractivo / alta simpatía

Fase 2   baja agresividad / alta sociabilidad

Fase 3   alta memoria

Fase 4   baja inteligencia / alta perseverancia

En el Tiempo Medio:

Fase 5   alta adaptabilidad / baja autoestima

Fase 6   baja autoconfianza / autocontrol diverso

Fase 7   baja madurez / alta sensibilidad

Fase 8   baja estabilidad / baja valentía

Fase 9   alto sentido psicológico / alto tacto social

En el Tiempo Final:

Fase 10   baja autonomía / alta responsabilidad

Fase 11   baja decisión / baja iniciativa

Fase 12   alta disciplina / bajo liderazgo

Fase 13   bajo placer

El Negociador Superviviente

Imagen:

Imagen pecadora.

Ira. Revolucionario, individualista y pragmático (anarquismo). Ausencia de valores morales. Ausencia de valores éticos. Enemigos. Diablo. Flexibilidad + baja tolerancia

En el Tiempo Inicial

> Fase I   bajo atractivo / baja simpatía
>
> Fase 2   alta agresividad / baja sociabilidad
>
> Fase 3   baja memoria (desmemoria traumática)
>
> Fase 4   alta inteligencia instintiva /Baja perseverancia

En el Tiempo Medio:

> Fase 5   alta adaptabilidad / baja autoestima
>
> Fase 6   alta autoconfianza / alto autocontrol
>
> Fase 7   ausencia de madurez / alta sensibilidad
>
> Fase 8   alta estabilidad / alta temeridad
>
> Fase 9   alto sentido psicológico / bajo tacto social

En el Tiempo Final

> Fase 10   alta autonomía / baja responsabilidad
>
> Fase 11   baja decisión / alta iniciativa
>
> Fase 12   baja disciplina / bajo liderazgo

Fase 13   bajo placer

El Negociador Victimario

Imagen:

Imagen dictatorial

Miedo. Conservador, individualista y pragmático. Capitalismo. Moral racionalista. Ética realista. Explotador, verdugo. Baja flexibilidad + baja tolerancia

En el Tiempo Inicial:

Fase 1   ¿alto atractivo? / baja simpatía

Fase 2   alta agresividad / baja sociabilidad

Fase 3   alta memoria

Fase 4   baja inteligencia / alta perseverancia

En el Tiempo Medio:

Fase 5   baja adaptabilidad / baja autoestima

Fase 6   alta autoconfianza + bajo autocontrol

Fase 7   baja madurez / alta sensibilidad

Fase 8   baja estabilidad I baja valentía

Fase 9   alto sentido psicológico / bajo tacto social

En el Tiempo Final:

Fase 10   baja autonomía / baja responsabilidad

Fase 11   alta decisión / baja iniciativa

Fase 12   alta disciplina / alto liderazgo

Fase 13   bajo placer

El Negociador Independiente

Imagen:

Imagen Fulgurante.

Alegría. Renovador, individualista y pragmático. Neoliberal. Moral hedonista. Ética aislacionista. Hedonista. Baja flexibilidad + baja tolerancia

En el Tiempo Inicial:

Fase 1   alto atractivo / simpatía condicionada

Fase 2   alta agresividad I alta sociabilidad

Fase 3   memoria selectiva

Fase 4   alta inteligencia / baja perseverancia

En el Tiempo Medio:

Fase 5   baja adaptabilidad / alta autoestima

Fase 6   alta autoconfianza / autocontrol variable

Fase 7   baja madurez / alta sensibilidad

Fase 8   baja estabilidad / alta valentía

Fase 9   alto sentido psicológico /variable tacto social

En el Tiempo Final.

Fase 10   alta autonomía / variada responsabilidad

Fase 11   alta decisión / alta iniciativa

Fase 12   variada disciplina / alto liderazgo

Fase 13   alto placer

El Negociador Interdependiente

Imagen:

Cualquier imagen general.

Amor (presencia dc las 4 emociones en positivo). Renovador, conviviente y práctico (Sustentabilidad). Moral Dialógica. Ética Dramática. Ángel Alta flexibilidad + alta tolerancia.

En el Tiempo Inicial:

Pase I   alto atractivo / alta simpatía

Fase 2   agresividad variable / alta sociabilidad

Fase 3   alta memoria

Fase 4   alta inteligencia / alta perseverancia

En el Tiempo Medio:

Fase 5   alta adaptabilidad / alta autoestima

Fase 6   alta autoconfianza / alto autocontrol

Fase 7   alta madurez / alta sensibilidad

Fase 8   alta estabilidad / alta valentía

Fase 9   alto sentido psicológico / alto tacto social

En el Tiempo Final

Fase 10   alta autonomía / alta responsabilidad

Fase 11   alta decisión / alta iniciativa

Fase 12   alta disciplina / alto liderazgo

Fase 13   alto placer

VII. EPILOGO

Como hemos visto, la *Negociación* es un camino que se aprende. No hay, pues, recetas ni programas. En cada caso, único y distinto —en ese sitio y en ese momento, que no se repiten- se revela y descubre información que permite pensar los pasos siguientes. No hay criterios y encuadres pre-elaborados y el método es más bien una estrategia que se construye y se explora a cada instante. Se negocia con personas, grupos u organizaciones, pero en una relación de interdependencia parcial de intereses actuales y futuros, por lo que debe establecerse modos de colaboración, ya que no sólo los resultados sino su implementación dependerán del manejo adecuado de esa relación. Así que las diferencias de hábitos y costumbres, creencias, valores, religiones, lenguas, niveles socio-económicos y marcos jurídicos, así como los problemas de comunicación, las tensiones personales, las percepciones y el juego de emociones que se derivan, tienen un papel fundamental y por eso requieren preparación, atención permanente y *auto conocimiento*. Es poco probable que una negociación se desarrolle de manera eficaz con adultos incompetentes, ignorantes de sí mismos y de sus capacidades o competencias, es decir, carentes de *Poder* negociador. Hemos intentado, en este libro, poner de relieve la importancia del aprendizaje que conduce a manejar adecuadamente los sentimientos profundos, las emociones y los conocimientos que conforman la *Imagen* del negociador, así como las reacciones que las situaciones provocan; a mantener permanentemente la atención a lo que pensamos, sentimos y hacemos con nuestro cuerpo y con la palabra que traduce nuestros pensamientos, valores y creencias; a asumir responsabilidad sobre ello; a saber conversar, escuchar, aprender, a saber esperar, a saber compartir y a saber perder. Esperamos que los instrumentos para evaluar los diversos componentes de la *Imagen* que el negociador expone en cada momento, le hayan permitido aproximarse al logro del *Auto Conocimiento*, como requisito fundamental del éxito. En tal caso, habremos cumplido nuestra misión.

www.ingramcontent.com/pod-product-compliance
Lightning Source LLC
Chambersburg PA
CBHW060559120726
48002CB00010B/2742